Horst Golchert

Kleine Rennsteig-Geschichten

Horst Golchert

Kleine Rennsteig-Geschichten

RHINOVERLAG

Trotz gewissenhafter Bearbeitung kann eine Haftung für den Inhalt nicht übernommen werden. Für aktuelle Ergänzungen und Anregungen ist der Verlag jederzeit dankbar.

Impressum

Am Hang 27, 98693 Ilmenau
Tel.: 03677/46628-0, Fax: 03677/46628-80
www.RhinoVerlag.de

Titelgestaltung:	Atelier für Grafik-Design Katharina Kerntopf, Ilmenau
Schrift:	Times New Roman
Fotos/Zeichnungen:	Horst Golchert
Druck:	Jelgavas tipogrāfija, Jelgava

4. erweiterte Auflage 2018
ISBN: 978-3-932081-89-7

Inhalt

Alte Sagen und Geschichten

Die Einsiedelei zum heiligen Nikolaus

Halbwegs zwischen Stützerbach und Neustadt am Rennsteig liegt der Dreiherrenstein. Früher ging dort des Nachts niemand gern allein vorüber. Nicht weit davon erstreckt sich mooriges Gelände, in dem Ortsunkundige sich leicht verirren und verunglücken konnten. Überdies hat es sich dort „geängent“ (ereignet, gespukt).

Einst stand an dieser Stelle ein kleiner Weiler mit einem Wirtshaus. Die Schenke hatte keinen guten Ruf. Von weither kamen Junker und andere reiche Leute, scheinbar als ehrsame Gäste. Sie öffneten in der Diele eine geheime Falltür, entnahmen dem darunter liegenden Raume Waffen und alte Kleidungsstücke, schwärzten sich die Gesichter und gingen auf Wilddiebstahl. Gegen Morgen kamen sie von ihren Raubzügen zurück, legten ihre Vermummung ab und ritten oder fuhren davon. Keiner hätte ihnen etwas nachweisen können. Das gestohlene Wildbret verspeisten sie entweder gemeinsam in der Schenke oder zwangen Meta, die Schankwirtin, es zu verkaufen. In einer stürmischen Nacht bat ein wandernder Mönch um Unterkunft. Die Wirtin ließ ihn mit dem Bedeuten ein, um keinen Preis seine Kammer des Nachts zu verlassen, wenn er es in der Gaststube rumoren höre. Als dort das Treiben begann, sah er jedoch heimlich nach. Die Wachen entdeckten ihn. Schleunigst musste er das Haus verlassen und sich im Gestrüpp verbergen. Die Räuber bezichtigten die Wirtin des Verrats und erdrosselten sie.

Diese Tat brachte das Maß der Sünde zum Überlaufen. Mit Entsetzen spürte der in seinem Versteck verharrende Mönch, wie die Erde bebte. Dann sah er den Weiler mit all seinen sündigen Bewohnern und Gästen im Boden versinken. Er fiel auf die Knie und zitterte vor der Macht des Herrn. Als der Tag graute, erstreckte sich dort, wo sich noch gestern die Mauern des Weilers erhoben hatten, ein sumpfiger Tümpel.
Ein Stück von dieser grausigen Stelle entfernt errichtete Syfried, der wandernde Mönch, die Einsiedelei mit einer dem heiligen Nikolaus geweihten Kapelle. Wer sich am Abend verspätet hatte, vernahm den tröstenden Ruf des Glöckleins und wusste, dass dort die Nacht über Leib und Seele in guter Hut waren.
Als Syfried die müden Augen für immer schloss, nahm der Zisterziensermönch Johannes Goltsmit seine Stelle ein. Nach ihm fand sich niemand mehr, der in der Waldeinsamkeit den frommen, barmherzigen Dienst üben wollte.
Die Einsiedelei verfiel; in den Trümmern lebten die Tiere der Wildnis. Nur der Brunnen, „Einsiedlerbrunnen" genannt, spendete noch lange, in einem Trog gefasst, erfrischendes Quellwasser. Die Geister der Räuber und Wilddiebe aber sind verdammt, in den Tälern um den Dreiherrenstein zu gewissen Zeiten umzugehen. Schon öfter wollen nächtliche Wanderer gesehen haben, wie von den Hängen des Schortetales feurige Räder herabgerollt sind.

Dietrich Kühn

Die Königstanne und der Wurzelberg

Von Katzhütte bis nach Scheibe-Alsbach, in die Nähe des Rennsteiges, zieht sich der mächtige Rücken des Wurzelberges. 867 Meter hoch ist der Gr. Farmdenkopf, die höchste Stelle des Bergmassivs. Von mehreren Aussichtspunkten zwischen Neustadt am Rennsteig und Neuhaus am Rennweg zieht der längste Höhenzug dieser Gegend den Blick auf sich.

Riesige Weißtannen standen einst in den dichten und urigen Wäldern des Wurzelberges. Die Königstanne war die größte Weißtanne in Deutschlands Wäldern. 8,75 Meter betrug der Fußumfang des 44 Meter hohen Baumes, und in Augenhöhe hatte die Königstanne noch einen Durchmesser von über zwei Metern. Ungefähr 66 Festmeter Holz hätte ihr Stamm ergeben, wie es Forstleute ausgerechnet haben.

Etwa 500 Jahre stand die Königin aller Tannen auf dem Wurzelberg, ehe sie ein verheerender Sturm im Jahre 1946 fällte.

Schillers Schwiegervater, der Rudolstädter Landjäger und Oberforstmeister Carl Christoph von Lengefeld, und später der Revierförster Liebmann benannten die riesigen Weißtannen nach verdienstvollen Forstleuten und Naturwissenschaftlern. Die Königstanne bekam ihren Namen von Oberforstrat Gottlob König (1779 - 1849). Gottlob König war erster Direktor der von ihm begründeten Forstlehranstalt Eisenach und Leiter des Forsteinrichtungswesens im Großherzogtum Sachsen-Weimar-Eisenach.

Mit Moosen, Büschen und kleinen Bäumen bewachsen, ist ein Teil des morschen Stammes heute noch zu bewundern.

Jahrelang war die gefällte Königstanne ein beliebtes Ausflugsziel, deren Ausmaße bald nur noch zu erahnen sind.

Sage vom Wurzelberg

Der Volksglaube lässt noch heute große Schätze im Bereich des Wurzelberges ruhen, die ein weißer Hirsch mit goldenem Geweih bewacht.
Schon mancher will den weißen Hirsch vom Wurzelberg gesehen haben, und andere wollen gar seiner Fährte gefolgt sein. Aber vergeblich!
Kommen Menschen in seine Nähe, rollt er Steine von der steilen Bergwand, und ein Blitz zuckt von seinem goldenen Geweih, dass alle voller Furcht und Schrecken davoneilen. Wird der weiße Hirsch jedoch einmal von einer Kugel getroffen, erblüht aus jedem Tropfen seines Blutes eine gelbe Blume, die er äst und – wieder geheilt – kann er davoneilen.
Gelingt es jedoch einmal einem Jäger, den weißen Hirsch zu fangen, wird der ihn an die Stelle führen, wo der geheimnisvolle Wurzelbergschatz ruht. Unermessliche Reichtümer werden sich vor den staunenden Augen des Jägers auftun.

Nacherzählt von Horst Golchert

Die Königstanne auf dem Wurzelberg
Foto: Aug. Tresselt, Großbreitenbach

Der Räuber Bilbert

Auf halber Strecke, zwischen Steinheid und Neuhaus am Rennweg, zieht der Rennsteig als tiefer Hohlweg zum Rollkopf hinauf, dessen Südabhang auch Bilbertsleite genannt wird. Der Berghang und die Bilbertsquelle, die über die Göritz hinunter nach Steinach fließt, bekam ihren Namen von einem Räuber.
Hier, in den Waldbergen am Rennsteig, hauste einst der Räuber Bilbert. Damit ihm kein Wanderer entkommen konnte, spannte der Räuber dünne Seidenfäden über den Rennsteig, die in seiner Höhle mit Glocken verbunden waren. Erklangen die Glocken in der Höhle, eilte Bilbert mit seiner Keule hinauf zum Rennsteig, erschlug den ahnungslosen Wanderer und raubte ihn aus. Schon 99 Menschen waren Opfer des Räubers geworden, bis er der Gewandtheit eines aus Jena heimkehrenden Studenten erlag. Der geübte Fechter besiegte Bilbert, fesselte ihn und führte ihn zum Blutgericht nach Sonneberg.

Die Sage vom Förster Laßmann

Laßmann heißt im Volksmund ein Berg, der zwischen Masserberg und Neustadt am Rennsteig liegt. Eine traurige Begebenheit im Jahre 1764 hat dem Berg zu seinem Namen verholfen. Der Rennsteig als Grenz- oder Scheideweg, wie er vor vielen Jahren hier auch genannt wurde, verläuft direkt über den Berg.
Die eine Seite, die nach Gießübel hinunter führt, war meiningisches Gebiet, und die andere Seite des Berges gehörte zum Fürstentum Schwarzburg-Sondershausen.

Auf der Höhe des Laßmannberges, nur wenige Meter von der Straße entfernt, steht, im Fichtenwald versteckt, der Laßmannstein, von dem die Sage folgendes erzählen kann:
Es war vor mehr als 200 Jahren, dass Zigeuner sich des öfteren hier oben am Rennsteig im Revier des Fürstlichen Försters Laßmann herumtrieben und ihr Lager aufschlugen. Sie stellten zuweilen dem Wild nach und zogen sich so den Unwillen des Försters zu. Laßmann war den Zigeunern gegenüber streng und wies sie mehrmals aus seinem Revier.
Um den Gesetzeshütern zu entgehen, pendelten sie wochenlang vom sondershäusischen über den Rennsteig ins Meininger Land. Als ein starker Zigeunertrupp aus dem Fränkischen wieder einmal seinen Lagerplatz in Laßmanns Revier verlassen musste, drohte eine alte Zigeunerin dem Förster mit erhobenem Finger und sagte: „Laßmann, Laßmann, nimm dich in acht, sonst wird dir hier dein Grab gemacht!"
Im Herbst des Jahres 1764 lagen dieselben Zigeuner wieder in Laßmanns Revier und stellten dem Wild nach. Mit einigen Gehilfen zog Laßmann hinauf zum Rennsteig, um die Zigeuner beim Wildern zu stellen. In der Nähe des alten Grenzweges trafen Laßmann und sein Gefolge auf die Zigeuner, wobei es zum offenen Kampf mit ihnen kam.
Mit List näherte sich Förster Laßmann ein zu Pferde sitzender Zigeunerjunge und tötete ihn mit einem Schuss durch das rechte Auge.
Das tödliche Geschoss war eine aus Glas gegossene Kugel, denn gegen Blei war Laßmann gefeit. Soweit eine freie Nacherzählung der Sage von Horst Golchert. Im Gehrener Kirchenbuch von 1764 ist der Fall

ausführlich dargestellt. Es wird darin berichtet, dass der Fürstliche Förster Christoph Wilhelm Laßmann aus Gehren am 6. September 1764 bei der Verfolgung von Zigeunern von diesen mit einem Schuss durch das rechte Auge getötet wurde. Nach dem Gehrener Kirchenbuch geschah dies „auf dem sogenannten Tannenstrumpf“, eine Stunde „über dem Alten Felde“. „Die Defensioner (Ortswache), als sie Schüsse gehöret, sind selbigen nachgefolget und allsdann diesen Förster ungefähr etliche 100 Schritt von dem Platze, wo sie zuerst auf die Zigeuner gestoßen, auf der Erde liegend todt angetroffen, sein Pferd hingegen nicht weit von ihm gestanden, ...“

Der Bericht endet mit der Bitte, die fast 100 Mann starke Bande, die sich noch immer im Breitenbacher Forst herumtreibe, öfters Leute angefallen habe und der Wildbahn merklichen Abbruch tue, für vogelfrei zu erklären.

Am 9. September 1764 wurde von Sondershausen ein Gardekommando abgeschickt, das dem Unwesen ein Ende machte.

Der Fürstliche Förster Christoph Wilhelm Laßmann war 38 Jahre alt und hinterließ eine Witwe.

Der Riese und sein Sohn

Sage vom Biberfelsen bei Masserberg am Rennsteig

Vor vielen hundert Jahren überschritt ein Riese mit seinem Sohn, vom Schwarzatal kommend, das Rennsteiggebirge an der Stelle, wo später das Dorf Masserberg entstand. Er kam von seiner Burg an der Saale und wollte seinem Vetter auf den Gleichbergen einen

Besuch abstatten. Als der Riese von der Rennsteighöhe in den Bibergrund hinabschritt, verspürte er ein starkes Drücken in seinem Schuh. Er setzte sich unterhalb der Biberquelle auf die Bergwiese, zog seinen Schuh aus und fand darin einen Stein, den er ausschüttete. Kaum waren die Riesen dann ein paar Schritte weiter talwärts gegangen, bat der Sohn den Vater zu warten. Auch ihn drückte etwas im Schuh, und er fand darin ein Steinchen, etwas kleiner als der im Schuh seines Vaters. Der Riesensohn schüttete den Stein ebenfalls aus, und ohne weiteren Aufenthalt erreichten sie danach ihr Ziel.
Beide Steine kann man heute noch bewundern. Der eine liegt am Beginn des Bibergrundes und heißt Biberfelsen oder auch der „Große Stein“.
Der andere liegt kurz vor Fehrenbach und wird Biberstein genannt.

Nacherzählt von Horst Golchert

Die versunkene Stadt am Dreiherrenstein

Tief im Walde, hinten an der Quelle der bösen Schleuse, lag einst eine reiche, blühende Stadt. Ein Sonntagskind kann sie heute noch sehen.
Einst kam ein Glashändler mitten im tiefen Winter – es war am Weihnachtsheiligabend, und es zog ihn heimwärts zu Weib und Kind – an jener Stelle vorüber, da hörte er plötzlich ein Klingen wie vielstimmigen Glockenton um sich her; und wie er die Augen recht auftat, sah er sich inmitten einer großen Stadt mit herrlichen Palästen und ragenden Türmen.

Männer, Frauen und Kinder kamen auf ihn zu, ihn zur Herberge zu laden. Er folgte dem ersten besten, er hörte, wie sie die ganze Nacht hindurch Bußlieder sangen, und er vernahm aus ihrem Munde die Ursache all ihrer Klage und ihres Kummers.

84 km von Rennsteigbeginn und -ende entfernt: der Große Dreiherrenstein bei Neustadt a. R. (Zeichnung: Horst Golchert)

Einst, als noch ihre Stadt und ihr Handel in vollster Blüte stand, kam aus dem Unterlande ein frommer Mann zu ihnen herauf und erbaute ihnen eine Kirche. Er predigte ihnen jenen anderen Gott, herrlicher als all ihr Silber und Gold. Aber er wurde verhöhnt. Behalte deinen Gott für dich, unser Gott ist unser Geld, vor dem beugt sich die ganze Welt. Bitten und Drohungen des frommen Mannes halfen nicht. Über solche Verstocktheit wurde der Sendbote zornig und verfluchte die Stadt und ihre Bewohner: „Versinken sollt ihr, wie Sodom und Gomorrha, dass ihr inne werdet, wer der Herr sei.“ Alsdann kam ein Unwetter, die Erde erbebte und verschlang Mann und Maus. Sumpf und Meer bedeckte alles Leben, alle Schätze der blühenden, gottlosen Stadt. Nur ein Steinblock ragt aus dem Morast hervor. Dieser Block ist der Dreiherrenstein.

Aus: „Der Mittelpunkt am Rennsteig des Thüringer Waldes“
siehe Literaturangaben

Die Brotteroder Kuhherde ist weg!

Am Fuße des Inselsberges haben die Venezianer auch einmal nach Gold und Silber gegraben. Das war vor langer Zeit, einige hundert Jahre sind seitdem verflossen. Manchen ihrer ledernen Säcke schleppten die kleinen Kerle voll edlen Erzen heim. Sie taten niemandem etwas zu leide, wurden aber bitterböse, wenn man in ihrer Nähe fluchte oder ihnen gar einen Schabernack antun wollte. Sie kannten viele geheime Künste, und noch manches Venezianerstückchen wird in unseren Bergen erzählt.

So hütete einmal der Hirte von Brotterode droben an der Käsberger Kuhhald. Die Hitze war groß, und da der Hirt Mittag machen wollte, trieb er die Herde über die Halde nach dem nächsten Brunnen und lagerte sich dort mit seinem Knechte und dem Hütejungen, ohne zu wissen, dass die Erzmännchen, wie man die Venezianer hier nannte, in der Nähe arbeiteten.
Kaum hatte der Hirt seine Trinkmulle gefüllt und Käs, Brot und Messer aus dem Kober getan, da erhob sich plötzlich ein so furchtbarer Sturm, dass man meinte, der ganze Wald stürze über- und durcheinander. Der Wirbelwind überschüttete die Männer und ihr Trinkwasser so mit Sand, dass der Hirte gallig wurde und sein Messer in die Sandwolke schleuderte. Dabei fluchte er: „Da soll doch ein Kreuzdonnerwetter hineinfahren!"
Hierauf ließ der Sturm zwar sofort nach – aber an Essen und Trinken war nun nicht mehr zu denken: Der Hirte und seine Gefährten fühlten sich mit einem Male so müde, dass sie kein Glied mehr rühren konnten und auf der Stelle einschliefen.
Als sie erwachten, machten alle drei große Augen. Keiner wusste, wo er war.
Käs, Brot und der Hund, alles war noch an seiner Stelle, auch das Messer des Hirten steckte nicht weit von ihnen im Rasen. Die Herde weidete munter in der Nähe. Nur der Born fehlte, und die Landschaft ringsum war ganz anders als bei Brotterode – eine große Ebene, und in weiter Ferne sah man eine Stadt mit vielen hohen Türmen. Der Hirte blickte bald den Knecht, bald den Jungen an, und die machten es ebenso, aber keiner der drei wagte auch nur ein Wort zu sprechen.

Endlich trieb der Durst den Hirten auf die Beine; er nahm seine Mulle und ging nach Wasser. Kaum war er aber einge hundert Schritt weit gekommen, als ihm auch schon drei kleine Kerle, die er sofort als Erzmännchen erkannte, entgegentraten. Auf sein Befragen erfuhr er von ihnen, dass die Stadt Venedig heiße und dass er wegen seines Fluchens und Messerwerfens nach dem Lande Italien versetzt worden sei. „Weißt du auch“, sagte einer der Venezianer, „dass sie dich in deiner Heimat schon seit acht Tagen vergebens suchen und nunmehr glauben, du hättest dich samt der Herde auf und davon gemacht?
Denn so lange ist es her, dass du eingeschlafen bist. Wir aber sind jetzt gekommen, um dir zu sagen, dass deine Strafzeit zu Ende ist. Doch wage es nie wieder, Venediger durch Fluchen und dergleichen bei der Arbeit zu stören! Deine Kühe sind gut in Stand und haben vollauf Milch, da sie während der acht Tage nicht gemolken worden sind. Nun geh zurück zum Knechte und dem Jungen; legt euch nieder, und bald sollt ihr unbemerkt und ohne Schaden wieder in die Heimat versetzt sein!“

Der Hirte tat, wie ihm befohlen war. Als die drei erwachten, lagen sie mit ihrer Herde auf der Käsberger Kuhhald. Die Brotteroder aber trauten ihren Augen nicht, als sie gegen Abend das vertraute Geläute wieder vernahmen. Der halbe Ort eilte dem Hirten entgegen, und das Fragen, wo er gewesen sei, wollte kein Ende nehmen, bis er ihnen das Venezianerstückchen erzählte.

Aus: „Thüringer Sagen“, Greifenverlag

Ritter Tannhäuser im Hörselberg

Tannhäuser war ein edler Mann aus dem Frankenland. Er besaß nicht nur die Eigenschaften eines Ritters, sondern auch die Gabe des Minnesanges. Als Landgraf Hermann von Thüringen wieder einmal auf der Wartburg Dichter versammelte, war Tannhäuser unter ihnen. Als lebenserfahrener Mann, der viele Länder bereist hatte und von den seltsamsten Dingen singen konnte, errang er großen Ruhm und viel Ehre.
Eines Tages, es ging schon auf den Abend zu, kam Tannhäuser auf dem Wege zur Wartburg am Hörselberg vorbei. Da sah er am Fuße des Zauberberges eine wunderschöne Frau stehen. Sie war leicht gekleidet, und ihre Reize zogen Tannhäuser mit unwiderstehlicher Gewalt an. Sie winkte ihm, und er winkte zurück, und zugleich erklang aus dem Berg der Schall süßer Lieder.
Es war Frau Venus, deren Liebeslockungen Tannhäuser folgte. Sie geleitete ihn in den Berg, und er genoss ein Jahr lang ihre heiße, sinnverwirrende Liebe. Allmählich aber spürte Tannhäuser Überdruss, und er trachtete danach, wieder aus dem Berge zu kommen. Davon wollte Frau Venus nichts wissen; sie beschwor ihren Gast, sie nicht zu verlassen. Der aber war entschlossen, wieder auf die Erde hinaufzusteigen und Vergebung für sein Buhlen mit Venus zu erlangen. Da ließ sie ihn betrübt ziehen, und Tannhäuser trat aus dem Berg.
Zu jener Zeit regierte Papst Urban in Rom. Zu ihm zog Tannhäuser, sich die Sünde vergeben zu lassen. Der Papst aber war ein strenger Mann. Er zeigte auf seinen weißen Kreuzesstab und sagte: „So wenig die-

ser dürre Stab jemals wieder grünen wird, so wenig erlangst du Gnade!“ Da verließ Tannhäuser Rom und kehrte zurück in den Hörselberg zu Frau Venus.
Nicht lange danach begann der Kreuzesstab des Papstes wider alles Erwarten zu grünen und zu blühen. Da schickte Urban viele Boten aus, um Tannhäuser suchen zu lassen und ihm die Sünde zu vergeben. Aber der Ritter war nirgends zu finden. Er blieb bei Frau Venus. Sie liebte ihn heißer als zuvor, und er wird dort bleiben bis an das Ende der Welt.

Aus: „Thüringer Sagen“, Greifenverlag

Wo der Hund begraben liegt

Ludwig Bechstein

Am östlichen Fuße des Wartberges gegen den Inselsberg hin liegt das Dorf Winterstein, und zu Winterstein „liegt der Hund begraben“. Dort war und ist noch ein ritterliches Geschlecht sesshaft, die Herren von Wangenheim, das einen Hund im Wappen führt. Die hatten dort ihr Stammschloss, das jetzt in Trümmern liegt; doch sind noch drei Wangenheimische Schlösser daselbst. Vor 200 Jahren hatte ein Jägermeister des Geschlechtes derer von Wangenheim einen Hund, der hieß Stutzel. Dieser war geschickt, treu und klug, dass man ihn als einen treuen Boten mit Briefen nach Gotha auf das Schloss Friedenstein schicken konnte. Der Hund blieb auch noch der Witwe jenes Jägermeisters lieb und wert, fast all zu lieb; denn als er gestorben war, geriet die Jägermeisterwitwe ganz außer sich vor Schmerz, ließ für den Hund einen Sarg

machen wie für einen Christenmenschen, weinte sehr um ihn und verlangte, dass ihre ganze Dienerschaft ebenfalls um den Stutzel weinen sollte. Letztere tat dies auch, mindestens tat sie so, als weinte sie rechtschaffen; dafür bekam sie auch Trauerkleider von der Herrin geschenkt. Einzig nur die alte Köchin, deren Augen um den Hund völlig trocken blieben, tat nicht einmal, als ob sie weine. Da bekam sie tüchtig Schelte, worauf sie eine Zwiebel zerschnitt und sich die beiden Hälften an die Augen hielt.
Darauf tränten ihr gleich die Augen, und als sie nun so der Herrin unter deren Augen trat, war letztere tief gerührt und schenkte auch der alten Köchin ein schönes neues Trauerkleid. Nun wollte Frau von Wangenheim den Stutzel durchaus auf dem Gottesacker begraben haben, weil er ein gar so frommes Hundevieh gewesen. Dagegen widersetzte sich der Pfarrer und sagte, dies gehe nicht an.
Aber die Frau Witwe bestimmte der Kirche 100 Taler und dem Pfarrer 50 Taler, da musste es angehen, um der Armut des Kirchleins und des Wintersteiner Pfarrers willen. So hatte der Hund eine sehr schöne Leiche. – Als aber die Sache im Lande ruchbar wurde, wurden die Einwohner von Winterstein von ihren nachbarlichen Umwohnern furchtbar geneckt und verhöhnt, dass auf ihrem Kirchhof „der Hund begraben liege".
Der Pfarrer wurde vor das Herzogliche Konsistorium nach Gotha gerufen, es wurde ihm eine Strafpredigt gehalten und gehörig der Text gelesen. Dann wurde der Pfarrer abgesetzt und der Stutzel ausgegraben. Darauf ließ ihn die Frau Jägermeisterin in der alten Schlossruine beisetzen und ihm einen schönen Grab-

stein errichten, auf dem Stutzel abgebildet zu sehen ist, wie er leibte und lebte. Darunter steht mit lateinischen Buchstaben folgende Inschrift:

1650 war der Hund begraben,
dass ihn nicht sollen fressen die Raben,
Stutzel war sein Name genannt,
bei Fürsten und Herren wohl bekannt,
wegen seiner Treu und Munterkeit,
so er seinem Herrn und Frauen geweiht.
Schickt man ihn hin nach Friedenstein,
so lief er hurtig ganz allein.
Gut hat er sein Sach ausgericht',
drum hat er diesen Stein gekriegt.

❖

Von Gastwirten und Gasthöfen

Die drei wilden Männer des Rennsteiges

Wenn ein Zeitalter drei große Herrscher auf einmal hervorbringt oder drei Dichterheroen, warum nicht auch drei wilde Männer? Alle drei gehörten dem ehrsamen Gewerbe der Gastwirte an. Alle drei waren gleich rundlich und zeigten glatt rasierte Vollmondgesichter und waren so, einer wie der andere, selbst die beste Reklame für die vorzüglichen Speisen und Getränke, welche bei ihnen zu haben waren.
Auf der kurzen Strecke des Rennsteiges zwischen Igelshieb und Spechtsbrunn konnte man alle drei recht bequem besuchen, und wer es getan hat, hat es sicher nicht bereut. Hin- und her wedelnde Frackschwänze sind dem echten Thüringer-Wald-Wanderer ein Greuel; auch den drei wilden Männern waren sie es, sie bedienten ihre Gäste selbst, und zwar werktags wie festtags in Hemdsärmeln, einerlei, ob sich ein thüringischer Fürst oder ein Frankfurter Kommerzienrat ihrer Gastfreundschaft erfreute.
Alle drei sind seit Jahren tot, und der Thüringer Wald ist um drei Originale ärmer, einen Denkstein aber haben sie alle drei verdient.
Der erste wilde Mann, dessen bei allen Waldwanderern in gutem Andenken stehender Gasthof noch heute diesen Namen trägt, war der Hemdärmels-Albert in Lauscha. Mit seinem gewöhnlichen Namen hieß er natürlich Greiner; wie sollte ein echter Lauschaer auch nicht Greiner heißen? Bei ihm gab es die weißesten Kartoffelklöße, die besten Forellen und Krebse, den besten Fuhrmannsbraten und vorzügliches

selbst gebrautes Bier. Geschniegelte und gebügelte, näselnde und nörgelnde Großstädter gehörten nicht zu den Lieblingsgästen des wilden Mannes, welcher diese Antipathie mit seinen zwei anderen wilden Brüdern teilte, aber ein gut thüringisches Schwarzbrot, ein offener Blick und deutscher Händedruck fanden bei ihm eine gute Statt und ließen ihn die besten Seiten seines Wesens hervorkehren.

Bei ihm wurden die meisten lustigen Streiche der lustigen Lauschaer, deren Aufzählung allein ein dickleibiges Buch füllen würde, ausgebrütet und zur Ausführung gebracht. Dort hängt heute noch der aus Stoffresten kunstvoll gefertigte Auerhahn, den die übermütigen Stammtischbrüder einem Jagdneuling nach kunstgerechtem Ansprung draußen im Hochwald erlegen ließen. Vom Stammtisch des wilden Mannes zogen die Lauschaer Spaßvögel mit einem neugierigen Handlungsreisenden oder sonst einem Neuling von Zeit zu Zeit zur „Trappenjagd" aus. Mitternacht und stockdunkel musste es sein. In der Mitte einer Waldblöße wurde der beutelüsterne Jäger aufgestellt, einen Knüttel in der Rechten und einen brennenden Strohbund auf langer Stange in der Linken. Er hatte nach den Versicherungen der Lauschaer weiter nichts zu tun, als die wie blind auf den Feuerschein losstürzenden Jagdvögel einfach totzuschlagen; aber Viertelstunde um Viertelstunde verging, der Lärm der Treiber war unheimlichem Schweigen gewichen, der Strohbund war abgebrannt, und im finsteren Walde stand der Trappenjäger allein. Der Heimweg war nicht angenehm, das Hohngelächter, mit dem ihn die Stammtischbrüder im Wilden Mann empfingen, aber noch weniger.

Am Stammtisch des wilden Mannes wurden auch die Großmäuler, welche allzu viel von ihren Reisen und Großtaten zu erzählen wussten, mundtot gemacht. Der „Mehlschuss“ verfehlte seine Wirkung nie. Eben hatte der Erzähler zu einer großen Aufschneiderei den Mund geöffnet, da öffnete sich auch leise das nahe Fenster, ein Glasrohr aus der gegenüberliegenden Glashütte schob sich herein, und im Nu war der Aufschneider sprachlos und weiß wie Kalk an der Wand, der Mehlschuss hatte ihn nur zu gut getroffen. Bei besonders hartnäckigen Fällen wurde die Mehlladung noch durch Rußzusatz verstärkt.

Von den Originalitäten Albert Greiners sei nur eine erzählt.

Als der Herzog von Meiningen noch gern nach Igelshieb zur Auerhahnbalz fuhr, stieg er regelmäßig beim wilden Mann ab. Es gefiel ihm da sehr, nur der Hausflur, meinte einmal der Hohe Herr, sei für ein solches Gasthaus nicht mehr recht zeitgemäß, er ahme mit seinen alten Schieferplatten Berg und Tal der Lauschaer Umgebung allzu unangenehm nach, und bei seiner Wiederkunft im nächsten Jahre möchte er doch gern einen neuen Hausflurbelag sehen. Die Zeit der Auerhahnbalz kam wieder und mit ihr der Herzog. In schneeweißen Hemdsärmeln eilte Albert gar eifrig hinaus, machte einen tiefen Bückling vor dem Hofwagen; aber mit dem Kopfe wegwärts vom Herzog, und sagte: „Hoheit, der Ausehrn is noch nicht gemacht, aber steigens’s auf mich, ich will Sie neibuckeln.“ Der joviale Herzog lachte, aber „neibuckel“ ließ er sich nicht. Wie dem Herzog von Meiningen, so gefiel es auch später dem Herzog Alfred von Coburg gar sehr bei dem biederen Hemdsärmelswirt. Oft kam er extra von Coburg heraufgefahren, um sich an den Genüssen aus der Küche des wilden Mannes selbst zu erfreuen. Albert Greiner wurde vor einigen Jahren unter allgemeiner Beteiligung seiner nahen und fernen Freunde, worunter die im grünen Rocke besonders zahlreich erschienen waren, auf dem Lauschaer Bergfriedhofe begraben; sein Sohn und Nachfolger aber ist eifrig bestrebt, dem „Wilden Mann“ sein weit über Thüringens Grenzen hinaus bekanntes Renommee zu erhalten.

Der zweite Original-Gastwirt, welchem der Volksmund den Namen eines wilden Mannes beigelegt hatte, war der „dicke Wagner“, dessen gern besuchtes Gasthaus an der viel befahrenen Straße zwischen Bock und Teich und Taubenbach stand. Er war zugleich Fleischer und hat manches Waldfest oben am Rennsteig in der Nähe der Teufelskanzel mit seinen Rostwürsten und der Anwesenheit seiner gewichtigen Persönlichkeit verschönt. Seine Ausdrucksweise war von der der befrackten „Ober“, welche jetzt die Gasthäuser des Thüringer Waldes schmücken, etwas verschieden, seine ess- und trinkbaren Erzeugnisse aber von erster Güte. Von seiner Ausdrucksweise eine kleine Probe: Als einmal der Schulrat R. mit einigen Lehrern bei ihm einkehrte und freundlich fragte: „Nun, Herr Wagner, was haben Sie denn Schönes zu essen?“, da meinte der wilde Mann: „Su ä bratschwäches Frassen fer Schulmästermeiler ho ich grode, ‘s Warschtfläsch is fertig unn wäch (weich) wie Gänsedrack unn die Laberworscht a!“ Wer mittags zu ihm kam, konnte ihn bewundern, wie er hinter dem Ofen lag und wie ein Nilpferd schnarchte, aber wehe dem

Gaste, der ihn störte. War er aber von selbst erwacht, dann hatte er gewöhnlich gute Laune, manchmal so gute, dass er den fremden Gast nach seinem Befinden fragte und sogar unaufgefordert Feuer und Zigarre reichte, was nicht oft bei ihm vorkam. Er tat dies, indem er aus der geräumigen Westentasche ein Schwefelholz hervorsuchte, es am rechten Hosenbeine anstrich und dem Gaste schmunzelnd hinreichte.

Einmal hatte er dies auch einem Feldjäger gegenüber getan und die Folge war ein Strafbefehl wegen vorschriftswidriger Aufbewahrung von Zündhölzern gewesen. Das hat ihn zeitlebens gekränkt, und der Landrat, welcher kurze Zeit darauf bei ihm vorfuhr, musste es büßen. „Guten Morgen, Herr Wagner", rief der Landrat höchst freundlich dem wilden Manne zu, welcher, den „Lauterbacher" pfeifend, in seiner Haustür stand, „haben Sie nicht etwas Feuer da?" „Nää", brummte Wagner und pfiff weiter. „Aber Sie werden doch ein Streichholz im Hause haben!" „Jawohl, drinnen hängen se an der Wand." „Wollen sie nicht so gut sein und mir eins holen?" „Nä, das kimmt mich zu deier." Damit setzte der wilde Mann sein Konzert fort, und der Landrat musste mit kalter Zigarre weiterfahren. – Einmal – die Bahn ging damals noch nicht – kamen zwei großstädtische Touristenjünglinge von Probstzella herauf und kehrten beim wilden Mann ein. „Das ham Se grade gut erwischt", meinte dieser in bester Laune, „heite früh ha ich geschlacht' unn 's Bier is alleweile angesteckt." Die beiden aber schienen auf diese verlockende Anpreisung gar nicht gehört zu haben, sie berieten erst leise miteinander, und dann bestellte der eine „Schorlemorle" und der andere „Pomril". Da hatten sie es aber getroffen: „Seid ihr Kerle denn aus China, dass ihr so verricktes Zeig saufen wollt?" schrie der wilde Mann, „so ausländisches Zeig gibt's bei mir nich. Marsch, naus unn wart't, bis ihr Bier vertragen könnt, sonst – – –". Den Nachsatz hörten die erschreckten Jünglinge nicht mehr, sie waren auf den Fittichen ihrer Plaids den gastlichen Räumen entwichen. Der neue Rektor von Gräfenthal, Dr. B., hatte viel von dem wilden Mann gehört und wollte seine Grobheit durch eigene Anschauung kennen lernen, aber der biedere Wagner hatte gute Laune und behandelte seinen Gast mit größter Liebenswürdigkeit. Endlich meinte der enttäuschte Rektor: „Die Leute sagen immer, Sie seien so grob, mich behandeln Sie aber sehr höflich, für wen halten Sie mich eigentlich?" „Du", sagte Wagner, „bist doch ä Kollege von mir, du bist doch der neie Fläscher von Grafthol, ich hob dr's gleich am Gesichte angesihn." Da hatte der Gast eine originelle Antwort des wilden Mannes und eine Grobheit dazu; er hat später noch recht herzlich darüber gelacht.

Der brave Wagner ist ebenfalls seit einigen Jahren tot, und die Bergbahn keucht jetzt hinter seinem Gasthause vorbei, vor dem sonst die Fuhrmannswagen in langer Reihe hielten, aber das Andenken an ihn und seine urdeutsche Art ist lebendig geblieben.

Der dritte wilde Mann wohnte direkt am Rennsteig, nach welchem jetzt sein Gasthaus genannt worden ist. Es war der brave Gottlieb Bauersachs in Spechtsbrunn. Auch er betrieb neben der Gastwirtschaft Fleischerei, aber die Riesen-Servelatwurst, welcher der

Sänger vom Rhein gelegentlich der vorjährigen Rennfahrt ein so begeistertes Loblied sang, ist bereits nicht mehr aus seinen Händen hervorgegangen, sondern aus denen seines Sohnes. Gleich seinem wilden Bruder in Taubenbach hielt auch Bauersachs viel von einem guten Mittagsschläfchen, welches er, hingestreckt auf eine lange Tafel, im Gastzimmer abhielt. Auch er liebte hierbei keine Störung, und mancher ungeduldige Gast bekam die brummigen Worte zu hören: „Nor sachte, ich ho aa müß warte, bis du bist 'kumm!" Schwefelhölzer waren auf keinem der blankgescheuerten Holztische zu sehen. Mit ihrem Fehlen hatte es eine besondere Bewandtnis.

Der Verkehr von Fuhrleuten war bei Bauersachs sehr stark, und die meisten Spechtsbrunner waren früher selbst solche. Die alten Eisensteinfuhren hielten vor dem Gasthause ebenso gern wie jetzt noch die Holzwagen. Ein richtiger Waldfuhrmann aber liebt ebenso gut mit Dampf zu fahren wie seine große Konkurrentin, die Eisenbahn. Zur Pfeife aber braucht man Streichhölzer, und diese wurden gewöhnlich kurzerhand den Büchsen der Wirtshäuser entnommen und für Bedarfsfälle unterwegs in den kleinen Taschen der blauen Leinwandkittel geborgen.
Dies Verfahren hatte Bauersachs geärgert und veranlasst, alle Streichholzbüchsen aus seinem Lokale zu verbannen. Wer trotzdem ein Schwefelhölzchen haben wollte, der musste sich mit einer Petition persönlich an ihn wenden. Zwar erhielt man erst die Antwort: „Was willst'n mit? Verbrennt's aa nor!", dann aber doch noch das Zündholz. Wer den sonst so gutmütigen Bauersachs einmal geärgert hatte, dem ließ

er es gewöhnlich lange merken. Einmal hielt ein Fuhrmann, der auch etwas bei ihm auf dem Kerbholz hatte, vor dem Gasthause, aus dessen offenem Fenster Gottlieb wohlgefällig herausschaute, und es entspann sich folgendes Zwiegespräch:
Fuhrmann: „Sei so gut und spann' mir mit einer Kuh vor, dass ich den Berg 'naufkomm!" Bauersachs: „Ich haa käne Zeit." Fuhrmann: „Was hast du denn zu tun?" Bauersachs: „Nischt." Fuhrmann: „Aber dein Junge kann mir doch helfen!" Bauersachs: „Der hat aa käne Zeit." Fuhrmann: „Was macht denn der?" Bauersachs: „Der hilft mir."

Auch Bauersachs ist nun tot, und mit ihm starb der letzte wilde Mann. Manchem zartbesaiteten Großstädter ist das Wesen der wilden Männer etwas rau und unhöflich erschienen, einem echten Thüringer-Wald-Wanderer aber hat es gefallen, und das selbst geschlachtete bei einem der wilden Männer hat manchem besser geschmeckt als das feinste Dinner, welches ihm heute auf dem Thüringer Walde ein serviettenbeschwingter Jüngling oder gar die zarte Hand der aus Leipzig importierten Kellnerin serviert. Die große Nivellierungswelle schlägt auch über den Thüringer Wald hinweg und macht ihn an Originalgestalten immer ärmer; dass sie aber noch nicht ganz ausgestorben sind, auch nicht unter dem weiblichen Geschlecht, davon konnten wir uns auf der letzten Rennsteigfahrt bei dem genussreichen Aufenthalt in Friedrichshöhe überzeugen.

Tuisko Krauße

Der kleine Wilhelm

Wer den Rennsteig durchwandert hat, wird sicher auch dem Gasthaus zum Heuberg seine Einkehr nicht versagt haben, ohne vielleicht zu wissen, dass sich hier manche Episode ernsten und heiteren Charakters abgespielt hat.

In den siebziger bis achtziger Jahren des 19. Jahrhunderts lebte auf dem Heuberg ein Zwerg, im Volksmund „der kleine Wilhelm" genannt, der eine nicht zu unterschätzende Rolle im Fremdenverkehr spielte und als Schalk erster Ordnung galt.

Wenn er auch kein Zwerg war, wie Schneewittchen deren sieben zu bewirten hatte, so verabschiedete sich doch selten ein Besucher vom Heuberg, ohne vom kleinen Wilhelm einen Händedruck oder einen Trunk erhalten zu haben. Als der kleine Wilhelm das Zeitliche segnete, hinterließ er seinen Erben ein ganz ansehnliches Vermögen.

Das Feuer prasselte im Ofen der mit vielen Hirschgeweihen ausgestatteten Gaststube. Die bot den Herbststürmen, die von den fernen Bergen durch das Tal dem Heuberg entgegengeschleudert wurden, Trutz. Eine Rotte Holzhauer, die im nahen Langeberg Ortsquotenholz für die Landgemeinden aufarbeiteten, schnürten ihr Handwerkszeug in Bündel zusammen und zogen es vor, ihre Arbeit, anstatt täglich mit den nassen Elementen zu kämpfen, mit der zu vertauschen, die sie in oder bei ihren Hütten verrichten konnten. Ohne sich auf dem Heuberg erst noch einmal ordentlich gestärkt zu haben, wollten sie ihre Semester nicht aufgeben, und, ihre Bündel auf dem Rücken tragend, trollten sie dem Gasthaus zu. In der

warmen, molligen Gaststube mundete der vorgesetzte Trunk vortrefflich. Reden allerlei Art wechselten an den Tischen herüber und hinüber, und zuletzt kam man auf die Ziegenhaltung im Dorfe zu sprechen.
Korb-Hänner (Heinrich) war einer von denen, die schon jahrzehntelang die Berge bestiegen, im Frühjahr pflanzten, im Sommer rodeten, im Herbst die Baumriesen fällten, und den Spitznamen Korb-Hänner trug er zum Unterschied eines bei der Rotte noch arbeitenden anderen Hänners. Vor kurzer Zeit erst hatte unser Korb-Hänner seine Katharine heimgeführt. Als Mitgift durfte sie eine Geiß und etwas Hausrat in das mit ihrem Manne gemeinsam erstandene Häuschen mitnehmen, und beide lebten glücklich und zufrieden. Katharine sparte sich jeden Groschen vom Munde ab, und wenn sie den im Winter von ihrem Manne angefertigten Vorrat von Borzelkörben und Füllfässern bei den Bauern im gothaischen Land veräußert hatte, war ihr Tragkorb auf dem Heimweg bis oben voll von Brotscheiben und sonstigen Lebensmitteln, so dass sie auf Wochen versorgt war und mit den getrockneten Brotresten auch noch ihre Schweinchen füttern konnte.
„Hänner, du musst dir eine andere Ziege anschaffen“, sprach der kleine Wilhelm, indem er seinem Gast ein neues Glas Bier vorsetzte. „Geh einmal nach L., da gibt es Ziegen von prämiierter Abstammung und Kreuzung von Sahnen-, Allgäuer, Schweizer und Tiroler Blut! Sie kosten zwar einen schönen Pfennig Geld, aber Ziegen sind es, wie du noch keine gesehen hast. Prachtstiere sag’ ich dir!“ – Hänner nahm diese Worte mit etwas misstrauischem Gefühl auf, denn es wäre nicht die erste Lüge gewesen, die der kleine

Wilhelm jemandem aufgedreht hatte und die mit gutem Glauben hinab ins Tal genommen worden war zum Gaudium anderer.
Da aber seine Arbeitsgenossen keine Miene verzogen, so musste es wahr sein, und die Worte hatten bei Hänner gezündet, denn er war mit bei den Fortschrittlern. Was es aber mit der Kreuzung für eine Bewandtnis haben sollte, das konnte er sich nicht enträtseln. Fragen wollte er auch nicht, dazu fühlte er sich zu stolz. Lange trug er sich mit dem Gedanken herum, eine von den Wunderziegen zu kaufen.
Dann sagte er sich auch wieder: Wenn du deine Ziegen gut fütterst, so bekommst du ebenso gute Milch und Fleisch wie von den anderen, die aus einer Gegend stammen, die du gar nicht kennst, und deine Ziegen stammen doch noch von der Geiß ab, die Katharine mit in die Ehe gebracht hat.
Oftmals hatten beide über die Lösung dieser Frage gesprochen, auch überlegt, ob es nicht zweckmäßiger sei, sich eine Kuh anzuschaffen, die doch mehr Nutzen brächte als mehrere Ziegen.
Davon sahen sie aber ab, denn den Neid und die Missgunst vieler Einwohner auf sich zu laden, schien ihnen bedenklich.
Hänner hatte im Laufe des Winters einen ganz ansehnlichen Vorrat von Borzelkörben und Füllfässern angefertigt, und als sich die Märzsonne anschickte, dem Winter den Garaus zu machen, trug Katharine die Ware ins Land zu ihrer Kundschaft. – „Sie'h dich einmal um in L., und wenn das Geschäft gut geht, so schließe den Kauf ab, ich werde das Tier dann gelegentlich holen“, brummte Hänner seiner Katharine beim Aufbocken der Traglast vor. –

„Will sehen, was sich machen lässt, mach's gut!" Mit diesen Worten träntelte Katharine die hohen Stufen vor ihrem Haus hinab. Die Borzelkörbe und Füllfässer gingen reißend ab. Die Separationen im Lande hatten den Bauern Arbeit in Hülle und Fülle verschafft und Gelegenheit gegeben, sich auch zur Winterszeit schwielige Hände zu holen. Katharine hatte verschiedene Ställe bei ihrem Ziegenhandel besichtigt, und schöne Tiere standen ihr zur Auswahl. Sie entschloss sich endlich, bei einem Bauer zu kaufen, wo mehrere Ziegenlämmer männlichen und weiblichen Geschlechts frei im Stall umherliefen; die Auswahl wollte sie ihrem Manne überlassen.
Es war ein schöner Frühlingsmorgen. – Eine Menge zurückkehrender Zugvögel saß auf den Zweigen, die sich wie ein schützendes Dach über die Kniebrechenstraße ausbreiteten, und stimmte ein in den Jubelgesang der zurückgebliebenen Standvögel, die sich ihre Brutstätten einzurichten anschickten. Mit einer hochgestapelten Last auf dem Rücken sah man Hänner und Katharine die sich in vielen Bogen windende Straße zum Heuberg heraufkommen. Unter Hänners schweren Nagelschuhen dröhnte der Boden, während Katharine in ihren aus alten Kleiderstücken selbst angefertigten Latschen leicht dahin schritt. „Jetzt will ich deinen Rat befolgen, mein Glück mit den gekreuzten Ziegen probieren und ein Zicklein holen", sprach Hänner zu dem eben aus dem Gasthaus tretenden kleinen Wilhelm, nachdem er dessen Guten-Morgen-Gruß erwidert hatte. „Ich will meiner Katharine einen Teil der Ware mit ins Land tragen, sie kann sie dort an den Mann bringen, während ich mit dem Zicklein sofort den Heimweg antreten werde."

– „Pass nur gut auf, dass dich die Bauern nicht über die Ohren balwieren (rasieren-betrügen), es gibt Orte, wo sie es aus dem Effeff verstehen, und tue die Augen auf bei deinem Ziegenkauf“, sprach Wilhelm im biederen Tone. Katharine unterstrich die Worte mit dem Hinweis, die Untersuchung genau vorzunehmen, und ja nicht einen Zwitter oder gar einen Bock nach Hause zu tragen. Hänner beteuerte seiner Katharine, indem er noch einen Korn bestellte, die Sache verstünde er und sei fachkundig genug, um keinen Fehlgriff zu tun.
Das Endziel für Hänner war erreicht. – Mustergültig die Untersuchung, die Hänner im Stall vornahm, und die alte Geiß wunderte sich nicht wenig über den fremden Mann, der mit einem ihrer Kinder zu dem mitgebrachten Korb ging, es hineinsteckte und mit einem Tuch den Korb zuband. Wie es bei solchen Käufen üblich ist, deckte auch bei der Bäuerin ein Frühstück aus der Vorratskammer bald den Tisch, und Hänner ließ es sich wohlschmecken.

Mutter Sonne stand schon hoch über den Tannenwipfeln, als Hänner den Heuberg hinaufstieg. Wilhelm nahm ihn in Empfang und beglückwünschte den guten Kauf, indem er Hänner den Korb in die Nähe des Stalles niedersetzen ließ mit dem Vorwand, bei den Fremden keinen Anstoß zu erregen über die enge Verpackung des Ziegenlammes. Bald stand ein kräftiger Korn in der Stube auf dem Tisch, wo sich Hänner niedersetzte und ein Bier nach dem anderen folgen ließ. – „Genau so wie unser Böckchen im Stalle sieht Hänner sein Zicklein aus, warte, dir spiel’ ich einen Streich!“ Im Nu war das Tuch von dem Korbe gelöst, das Zicklein sprang lustig in den Stall, und an seine Stelle musste sich das Böcklein vom Heuberg dem Willen Wilhelms fügen.

„Weiß der Kuckuck! Das Bier schmeckt immer besser“, brummte Hänner dem eintretenden kleinen Wilhelm zu, der ihm noch einen Schnaps vorsetzte. „Prost, Hänner, und trink – ich freu mich, dass du meinen Rat befolgt hast, der Kauf wird dich nie gereuen“ – Hänner wurde stolz über diese Lobeserhebungen, und obwohl er sonst kein Freund von vielen Reden war, fing er jetzt an, jedem ins Zimmer tretenden Gast seinen Kauf mit der gekreuzten Ziege zu erzählen, und alle Welt würde sich wundern über die Jungen, die seine Ziege zur Welt brächte. –
Die Schwarzwälder Kuckucksuhr rief fünfmal. Hänner horchte auf. „Schon fünf Uhr!“ – Schnell den Korb geholt, die ledernen Tragbänder über die Schulter geschlungen, zur Tür hinaus, und in eiligen Schritten ging's die Kniebreche hinab. Das Zicklein im Korbe regte sich und schien eine ganz andere Stimme zu haben als zuvor, da er den Heuberg hinaufging. „Na, wird der Hunger und Durst die Stimmbänder etwas verzogen haben“, brummte er vor sich hin. „Bei Weißenburg und Wörth in den heißen Augusttagen hat man uns auch nicht gefragt, ob wir Hunger oder Durst hatten, und haben feste springen müssen, dass wir hinter den Franzosen herkamen.“ Schweißtropfen perlten von der Stirn, als Hänner vor der Tür seines Häuschens angekommen war; wie neugeboren kam er sich vor, als ihm seine Schweinchen beim Öffnen der Stalltür entgegen sprangen. Mit dem Zicklein machte er nicht viel Federlesens. Das Korbtuch abgebunden,

den Korb umgestülpt, und sich neugierig umsehend, stand es mit gespitzten Ohren in der Ecke. „Werdet schon bekannt werden miteinander; unter den Soldaten dauert's auch 'ne Weile, ehe einer den anderen kennen lernt, und dann tut der Abschied weh." Mit diesen Worten zog Hänner sich in seine Stube zurück.

Die Sonne schickte am nächsten Morgen ihre ersten Strahlen durch die Zweige der im Forstort Streitgirn stehenden Nadelbäume, als Hänner in aufgestülpten Hemdsärmeln die Axt schwang, dass es weithin schallte und die Späne wie Nachtfalter in der Luft herumschwirrten. – „Guten Morgen, Hänner! Hast wohl keine Ruh im Bett gehabt – schon so früh an der Arbeit", redete ihn der etwa eine Stunde später kommende Arbeitskollege an. „Sollst gleich einmal nach Haus kommen, so hat es mir deine Katharine anbefohlen; sie schien besonders gute Gründe zu diesem Auftrag zu haben."

„Hol's der Kuckuck, – ist wohl gar etwas mit den Schweinchen passiert?" schlug in Hänner das Gewissen. – „Haben aber doch gefressen, die Schweinchen, und waren mobil? Und wenn eins krepiert wäre? Na, ich könnte es auch nicht wieder ins Leben zurückrufen, so weit geht meine Kunst nicht. Das weiß aber Katharine doch auch, und mich von der Arbeitsstelle abrufen zu lassen, das hat sie noch nicht gemacht." – Er legte das Handwerkszeug beiseite. Den Rock unterm Arm schritt Hänner heimwärts. Als er die Tür seines Hauses hinter sich geschlossen hatte, trat ihm seine Frau entgegen und warf ihm den Leichtsinn seiner Tat beim Ziegenkauf vor, da er anstatt eines Zickleins ein Böcklein nach Hause gebracht habe.

– „Ist nicht möglich, Katharine!“ beteuerte Hänner. „Komm her und überzeuge dich“, entgegnete ihm diese. Als die Tür aufging, stand das gekaufte Zicklein in Gestalt eines Böckleins vor ihm.
– „Hols der Kuckuck! Haben mich die verwünschten Bauern doch betrogen! Na, es soll nur wieder einer beim Holzabfahren einen Schleifbaum abhacken, der soll aber erfahren, wie hoch der Preis fürs Holz in unseren Bergen steht!“ Schnell waren die Alltagskleider mit dem Sonntagsanzug vertauscht, und Hänner marschierte mit dem Böcklein im Korbe auf der Straße nach dem Heuberg.
„Wo willst du so eilig hin, Hänner!“ rief die ihm bekannte Stimme eines Fuhrmannes aus der Stadt. „Komm, setz’ dich mit auf den Wagen, ich fahre dieselbe Strecke, die du einschlagen willst“, sagte der mitleidsvolle Geschirrführer, als ihm Hänner das Ziel seiner Reise erzählt hatte. „Glück muss der Mensch haben – und schlecht gefahren ist besser wie gut gelaufen“, dachte Hänner und schwang sich mit seinem Korbe auf den Wagen. Die Höhe war bald erreicht. Wilhelm rieb sich heimlich die Hände, als er Hänner ankommen sah. Die Neugierde hatte ihn schon lange geplagt. – „He, gib den Pferden erst etwas Futter!“ rief der kleine Wilhelm dem ihm bekannten Geschirrführer zu, „und denke daran, dass auch die Tiere Hunger und Durst haben, wenn sie auf dem Heuberg sind.
Und, Hänner – wo führt dich der Weg hin?“ – „Die verfluchten Bauern! Hol’ sie der Kuckuck! Betrogen haben sie mich – na, ich werd’ es ihnen aber besorgen, wenn ich hinabkomme“, schnaufte der Angeredete wutentbrannt. – „Hab ich dir nicht gesagt:

Hänner, tue die Augen auf beim Ziegenkauf!" fiel ihm Wilhelm vorwurfsvoll ins Gespräch. „Komm', stell' deinen Korb ab und trink deinen Ärger mit einem Korn hinunter, hier in dieser Zugluft kann das Tier schnell Schaden leiden." Hänner folgte ahnungslos den Weisungen des kleinen Wilhelms und trank seinen Korn nebst Bier in der Gaststube, während draußen der Korb, von Wilhelm geführt, dem Stalle zuwanderte, wo das Wechselgeschäft wie vor einigen Tagen vorgenommen wurde, worauf Hänner mit dem vermeintlichen Böckchen nach kurzer Zeit abfuhr.

Nicht wenig erstaunt waren die Bauersleute, als sie von dem Ankömmling in aufgeregter Weise den Zweck seiner Reise erfuhren.
Nicht minder erschrak Hänner, als er beim Abnehmen des Korbtuches seine Nasführung bemerkte. Beschämt schlich er mit seiner Last wieder ab. Da er nicht an Hexerei glaubte, zog er es vor, seinen Heimweg nicht über den Heuberg einzuschlagen. –

A. Wr.

❖

Geschichten vom Joel, dem Schmückewirt

Wie Joel zu seinen Fremdenzimmern kam

Julius Kober

Joels Persönlichkeit und seine vorzüglich geführte Wirtschaft zogen immer mehr Gäste an. Dazu kamen noch die Eröffnung der Bäder in Ilmenau und Elgersburg und der Bau der Fahrstraßen über das Gebirge, so dass sich auch Kurgäste und Wanderer einstellten, die übernachten wollten. Es standen aber nur zwei Fremdenbetten zur Verfügung. Ein Erweiterungsbau machte sich notwendig.
Joels Eingaben bei der Regierung in Gotha blieben unberücksichtigt. Da meldete sich an einem Spätnachmittage fürstlicher Besuch an, Damen vom Hofe.

Joel kam sofort der rettende Gedanke. Er richtete ein vortreffliches Mahl, ließ alle Seiten seines sprühenden Humors aufklingen, dass es urgemütlich wurde und die Herrschaften gar nicht gemerkt hatten, dass es schon tiefe Nacht geworden war. Joel gab seinen beiden Mägden Jette und Röse heimlich den Auftrag, sich sofort in die beiden verfügbaren Fremdenzimmer zu legen. Als die hohen Damen zur Ruhe zu gehen wünschten, bedauerte er, mit Fremdenbetten nicht dienen zu können, da sie von zwei angereisten Damen belegt seien. Ohne eine Miene zu verziehen, wies er ihnen ein duftiges Heulager an.
Zunächst erstaunt, dann aber lachend fügten sich die hohen Gäste in das Unvermeidliche und krochen ins Heu, während Jette und Röse in ihren Himmelbetten

von ihren Gehlberger Schätzen träumten. Der Fall wurde natürlich in Gotha ausgiebig besprochen und hatte zur Folge, dass der von Joel lang ersehnte Ausbau der Schmücke mit Fremdenzimmern und Speisesaal nun unverzüglich in Angriff genommen und im Jahre 1851 vollendet wurde. Wieder einmal hatte der Humor Joels die Situation gerettet und ihn schnell zum Ziele gelangen lassen.

Wie der Schmückewirt Joel mit dem Schöpflöffel Frieden stiftete

Julius Kober

Joel und Morba, der als Forstkommissarius auf der Schmücke lebte, waren immer unzertrennliche Freunde gewesen. Nur ein einziges Mal hatten sie sich für einige Tage entzweit. Originell und für Joel bezeichnend ist die Art, wie er den Frieden wieder herstellte.

Es war mal wieder ein richtiger Rennsteigwinter und der Schnee war fest gefroren, so dass es just die beste Zeit war, Blochholz auf die Holzabfuhrwege herunter zu schleifen. Es fehlte an Pferden. Also nahm Joel zur Aushilfe einige edle Rassepferde aus dem herzoglichen Gestüt, welches dort oben unterhalten wurde. Die Folge war ein Verweis der Forstbehörde, der zu einer heftigen Auseinandersetzung zwischen dem herzoglichen Forstkommissarius Morba und dem herzoglichen Kreiser (Waldläufer) Joel führte. Die beiden Freunde sprachen kein Wort mehr miteinander. Damals war Morba noch nicht verheiratet und aß am Tische Joels mit.

Der Schmückewirt Joel
(Zeichnung: Horst Golchert)

Schweigend saßen sich die beiden gegenüber, bliesen die Rauchwolken aus ihren Pfeifen in den dämmerigen Raum und schauten mit zusammengezogenen Brauen aneinander vorbei. Das Wetter war umgeschlagen. Richtiggehendes Matschwetter machte die Wege für jeden Fußgänger unmöglich.
Der Sturm heulte um die bretterne Waldschenke, und der Regen peitschte gegen die Fensterscheiben. Kein Holzhauer, kein Fuhrmann, kein Postbote, kein Förster, niemand kam bei diesem Hundewetter. Die Schmücke war wie ausgestorben.

In der Küche hantierte Frau Joel mit ihren Mägden. In der Gaststube saßen sich die beiden Originale nun schon zwei Tage lang schweigend gegenüber. Wie ein Löwe im Käfig ging der temperamentvolle Schmückewirt in der Gaststube auf und ab. Morba stopfte sich verzweifelt eine Pfeife nach der anderen und schaute finster zum Fenster hinaus.
Keiner wollte nachgeben, wollte zuerst anfangen, etwas zu sagen, und doch zog es beide in tiefster Brust zueinander hin. Wie in einem Vulkan, der jeden Augenblick zum Ausbruch kommen konnte, kochte es in Joel. Zum Teufel! Das hielt er nicht mehr aus. Es musste irgend etwas geschehen, um dieses zermürbende Schweigen in der verlassenen Einsamkeit der Wirtsstube der höchstgelegenen menschlichen Wohnung des Thüringer Waldes zu brechen. Es musste etwas geschehen, sonst würde er sterben an diesem vermaledeiten In-sich-hinein-fressen.
Endlich, gegen Mittag des dritten Tages, als Frau Joel die dampfende Suppenschüssel hereinbrachte und auf den Tisch stellte, kam ihm der rettende Gedanke. Joel nahm, einer plötzlichen Eingebung folgend, den Schöpflöffel und schlug in seinem Zorn, der sich wie ein Blitz entlud, mitten in die Suppenschüssel hinein, dass der grüne Rock des Forstkommissarius von oben bis unten bespritzt war. Wütend sprang Morba auf und schrie: „Sauerei!“ Da hielt ihm auch schon Joel glücksstrahlend und mit dem ihm eigentümlichen Lächeln, dem niemand widerstehen konnte, die Hand hin und sagte wie erlöst: „Nun hast du doch das erste Wort gesprochen, Morba, und wir sind jetzt wieder die alten guten Freunde!“ Was blieb dem Forstkommissarius anderes übrig, als in die dargebotene Rechte

einzuschlagen, hatte er doch innerlich ebenso wie Joel unter diesem Schweigen zu leiden gehabt und war froh, dass der alles besiegende Humor Joels den Streit beendet und den Frieden wieder hergestellt hatte.

Noch manche Flasche Wein war an diesem Tage zwischen den beiden glückseligen Alten geleert worden. Nie wieder hatten sie sich ernstlich entzweit, und die Freundschaft zwischen ihnen war fester denn je zuvor.

Die doppeltePacht

Eine Anekdote vom groben Joel.
Erzählt von Julius Kober

Eines Tages kam zum „Alten auf der Schmücke“ ein junger, eifriger Jurist von der gothaischen Regierung, der sehr aufmerksam den regen sommerlichen Verkehr im Gasthaus beobachtete. Er hatte es darauf abgesehen, bei Joel eine Pachterhöhung für seine Behörde herauszuschinden, um sich so die ersten Sporen verdienen zu können. Zu diesem Zwecke lud er den Schmückewirt zu einem leckeren Mahl ein und spendierte eine Flasche Wein nach der anderen; Joel zechte wacker mit und hatte bald heraus, warum der Vertreter seiner Landesregierung so freigiebig war.

Scheinbar gern und offen ging Joel auf alle Fragen über den Verkehr und die Rentabilität des Berggasthauses ein, die ihm der junge Referendarius stellte. Als der Jurist glaubte, die Stimmung für seinen Plan genügend vorbereitet zu haben, rückte er mit seinem Anliegen heraus, bedeutete dem Schmückewirt, dass doch die Schmücke, nach allem, was er gesehen und gehört hätte, ein sehr gut gehendes Wirtshaus sei und er doch sicherlich mehr Pacht bezahlen könnte. Er würde ihm raten, das freiwillig zu tun, bevor eine Pacht festgesetzt würde, die ihm nicht genehm wäre. Joel hörte sich die langen und überzeugend vorgetragenen Ausführungen an, schaute den jungen Referendar weinselig mit seinen listig zusammengekniffenen Augen an, kratzte sich an seinem Kinnbart und rückte das gestickte Hauskäppchen auf das linke Ohr, was bei ihm immer gute Laune anzeigte, erhob sich vom Tische und ging nachdenklich mit schweren Schritten in der Gaststube auf und nieder, stieß dabei dicke Rauchwolken aus seiner langen Pfeife und holte endlich umständlich Papier, Tinte und Feder herbei und schrieb, während sich der Referendar vergnügt unter dem Tische die Hände rieb, folgendes nieder: „Joel, der Wirt von der Schmücke, erklärt sich bereit, das Doppelte des bisher gezahlten Pachtzinses von Michaeli dieses Jahres ab zu entrichten.“

Mit einem tiefen Atemzuge, als ob er sein Todesurteil unterschreiben müsste, setzte Joel seinen Namen darunter. Schnell hatte der Referendar die Streusandbüchse bei der Hand, faltete das Papier und ließ es schmunzelnd in seiner Rocktasche verschwinden. Er bestellte eine weitere Flasche Wein, bezahlte seine große Zeche, nahm herzlich von Joel Abschied und konnte nicht schnell genug nach Gotha heimkehren.

Welch schadenfrohe Gesichter und welch homerisches Gelächter empfingen ihn aber dort, als man in den diesbezüglichen Akten feststellte, dass Joel bisher überhaupt keine Pacht bezahlt hatte, sich also ruhig zum Doppelten der bisher gezahlten Pacht verpflichten konnte! Wie so viele andere schon war der junge Jurist in seinem Übereifer das Opfer des pfiffigen Schmückewirtes geworden.

Der Witz war so köstlich, dass der Herzog, als ihm dieser neue Streich seines humorvollen Joel zu Ohren kam, auch weiterhin keinen Pachtzins erheben ließ. Das Gelächter des Alten auf der Schmücke aber war so kräftig, dass das ganze Thüringer Land es vernahm und ebenso kräftig darin einstimmte.

Sonnenaufgang

Otto Ludwig

Nach dem Sprichwort „Morgenstunde hat Gold im Munde" handelte der ulkige Schmückewirt, der backenbärtige Joel, wenn er früh um vier Uhr seine mitunter recht illustren Gäste aus den Federbetten jagte.

Einmal klopfte er an die Tür von Professor Schaeffer, einer damaligen Jenaer Kapazität (1824-1900). „Herr Professor, in zahn Minuten gieht de Sonne uff, stiehn Sie off!" Doch der Gelehrte: „Die geht auch ohne mich auf, Joel! Herr Professor, fix, machen Se ämal de Tür off, aber fix!" Schaeffer rappelt sich aus dem Bette und öffnet die Tür. „Herr Professor", spricht Joel und schlägt ihm auf die Axel, „Sie sin dr erschte gescheite Mensch, der dahieren bei mir geschlafen hat! Su, nunne le'n Se sich wedder, dass die Flüh was zu frassen kreien!"

Geschichten von Josef aus Friedrichshöhe

Vivat Austria

Schaut man von der Dorfstraße in Friedrichshöhe über die sich leicht talwärts neigenden Wiesen, entdeckt man, im Pechgrund versteckt, den Giebel eines Hauses. Dort unten am Beginn des Pechgrundes, der sich bis zum kleinen Dörfchen Saargrund hinunterzieht, wohnt der Josef Franz.

Als ich den Josef nach einer Skitour im Februar 1992 besuchen wollte, um nachzufragen, ob eine Anekdote über ihn in einem kleinen Rennsteigbuch veröffentlicht werden darf, traf ich ihn zu Hause nicht an. Neugierig besichtigte ich Josefs Anwesen etwas genauer und entdeckte erstaunt eine auf Halbmast gesetzte gelb-schwarze Fahne, deren Bedeutung ich mir zunächst nicht erklären konnte.

An einem schönen Sommertag im Juli 1992 stieg ich wieder über die Wiesen zu Josefs Anwesen hinunter, um ihm das Rennsteigbüchlein mit seiner kleinen Geschichte von den „Luftbereiften Weibern“ zu bringen. Josef saß, mit breiten Hosenträgern über einem karierten Hemd, vor seinem Haus und putzte hohe schwarze Schnürschuhe. Kleine Katzen umkreisten mit ihrer Mutter das Haus und verschwanden im Schuppen, als mir Josef einen Stuhl holte.
Nachdem er sich schmunzelnd die Episode im Rennsteigführer durchgelesen hatte, wollte ich wissen, was das mit der auf Halbmast gesetzten Fahne im

Februar zu bedeuten hatte. Schon oft hatte ich mich in den letzten Jahren mit Josef unterhalten und wusste daher, dass er die Habsburger sehr verehrt und auch deren Blut in seinen Adern vermutet.

Josef war einst im Riesengebirge zu Hause, verlor – wie so viele nach dem 2. Weltkrieg – seine Heimat und landete in Thüringen. Hier in Friedrichshöhe baute er sich sein Haus, in dem er nun schon über 35 Jahre lebt. Auf die Fahne zurückkommend, erzählte mir Josef eine Geschichte, die knapp zwei Stunden dauerte. Eine Stunde etwa hatte ich eingeplant, aber die reicht bei weitem nicht aus, wenn Josef schwärmend die lückenlose Geschichte des Österreichischen Kaiserhauses darlegt. Am 15.02.1992, so erzählte er, wurde die Herzogin Klara Marie, ehemalige Herzogin von Sachsen-Meiningen, auf dem Friedhof von Heldburg beigesetzt. Die Herzogin lebte zuletzt in Österreich und fand an jenem Februartag in Heldburg, ihrem einstigen Regierungssitz, die letzte Ruhestätte.

Natürlich war es für Josef Ehrensache, den Trauerfeierlichkeiten beizuwohnen. Mit Stolz erzählte er von seinem angemeldeten Erscheinen, vom Eintrag ins Kondolenzbuch und von seinem Gespräch mit den prominenten Persönlichkeiten, die, wie mir Josef sagte, überrascht feststellten, dass er ihre Familiengeschichte besser kennt als sie selbst.

Als Josef wieder zu Hause war, nähte er eigenhändig die gelb-schwarze Habsburger Fahne zusammen und hängte sie an eine schlanke Fichtenstange auf Halbmast vor sein Haus. Er trug auch einige Tage Trauer.

Beeindruckt von Josefs Geschichtsunterricht über die Monarchie der Habsburger verabschiedete ich mich und versprach, bald wieder mal vorbeizukommen.
Immer, wenn die etwa drei Meter lange gelb-schwarze Fahne der Habsburger ganz oben am Fahnenmast oder auf Halbmast über Josefs Anwesen flattert, weiß man in Friedrichshöhe, dass im Österreichischen Kaiserhaus ein Geburtstag oder Sterbetag ansteht. So lässt Josef das ganze Dorf an seiner Verehrung der Habsburger teilnehmen.

Die luftbereiften Weiber

Lange vor dem Start zum 17. GutsMuths-Rennsteiglauf 1989 war ich unterwegs, um die am späten Nachmittag des Vortages angebrachten Markierungen zu überprüfen und zu vervollständigen.
Eine gewisse Unruhe begleitet mich immer bei dieser Arbeit, seitdem man mir einen Streich spielte und ein kleines Stück der Strecke bei Friedrichshöhe über Nacht ummarkierte.
Wie in den Jahren vorher reichte auch dieses Mal mein zu betreuender Abschnitt auf der 45-km-Strecke wieder von Kahlert bis zum Dreistromstein. Bevor ich meinen ständigen Standplatz am Ortseingang von Friedrichshöhe einnehmen wollte, um das bunte Treiben der etwa 6000 Läufer der 45-km-Strecke von Neuhaus am Rennweg nach Schmiedefeld vorüberziehen zu lassen, traf ich direkt am Rennsteig, auf einer Bank sitzend, den Josef aus Friedrichshöhe. Josef wohnt schon sehr lange allein im kleinen Rennsteigort und hält gern mal nach Frauen Ausschau.

Josef hisst die Fahne der Habsburger Dynastie

Auf meine Frage, was er schon so früh hier mache, sagte Josef, dass er auf die Rennsteigläuferinnen und -läufer warte. Als ich mit meinem Moped wieder weiterfahren wollte, rief er mir noch hinterher: „Wenn luftbereifte Weiber dabei sind, schicke sie runter zu mir!“ Mit luftbereiften Weibern meinte Josef die Frauen, die sich Blasen gelaufen haben.

Weiber von der Waterkant

Freudig erzählten mir Gäste aus Hamburg, dass sie gerade aus Friedrichshöhe kommen und dort den Josef besucht haben. Tags zuvor hatten wir gemeinsam von Masserberg aus, wo die Hanseaten ein verlängertes Wochenende verbrachten, eine Wanderung nach Friedrichshöhe unternommen.

Natürlich erzählte ich den Hamburgern in Friedrichshöhe ein paar Geschichten vom Josef und zeigte ihnen auch, wo er wohnt.
Als nun am nächsten Tag nochmals ein Ausflug mit Pferd und Wagen nach Friedrichshöhe auf dem Plan stand, hat man die Gelegenheit genutzt und den Josef mit einem Besuch beehrt. Gastfreundlich hat er seine Hamburger Gäste mit Getränken bewirtet und ihnen anschließend etwas Geschichtsunterricht über die Monarchie der Habsburger gegeben. Ohne sein Lieblingsthema – die Habsburger – läuft beim Josef überhaupt nichts.
Ich hatte meiner Wandergruppe auch erzählt, dass Josef schon lange alleine hier oben am Rennsteig wohnt und nichts dagegen hätte, wenn wieder mal eine Haushälterin in seinem Haus nach dem Rechten sehen würde. Als die Schönen aus dem Norden Josef fragten, ob denn heute eine Frau für ihn dabei ist, hat er sie seelenruhig nacheinander angesehen und dann gesagt, dass eventuell eine in Frage kommt. Alle anderen wären schon zu alt, da kämen ihn die Begräbniskosten zu teuer.

Das Alter kommt von allein

Josef freut sich immer, wenn ich ihn mit Wandergruppen besuche. Wenn hübsche Frauen dabei sind, ist er besonders gut drauf.
Schon von weitem rief mir Josef zu: „Du hast aber wieder schöne Weiber dabei“, als ich mich wieder einmal mit einer Wandergruppe Josefs Haus in Friedrichshöhe zu einem Besuch näherte.

Da Josef ein ausgezeichneter Kenner der Habsburger-Geschichte ist, verehrt er die langhaarigen Schönheiten des ehemaligen Österreichischen Kaiserhauses wie kein anderer. „Die schönste Frau der damaligen Welt war Kaiserin Elisabeth die II", hat er uns schwärmerisch erzählt. Ein Bild von Sissi, wie die schöne Kaiserin genannt wurde, machte dabei die Runde. Frauen mit langen Haaren stehen deshalb auf Josefs Wunschliste ganz oben.
Bevor wir uns von Josef verabschiedeten, fragte ich meinen Freund, ob denn heute eine Frau für ihn dabei sei. Josef schaute sich meine Schönheiten der Reihe nach an und sagte, dass zwei von ihnen eventuell in Frage kommen.

Stolz präsentiert Josef seine Habsburger Fahne

Weil die Haare aber viel zu kurz sind, sollen sie sich im nächsten Jahr noch einmal bei ihm vorstellen.
Breit grinsend sagte Josef zu mir: „Wenn du das nächste Mal kommst, bringste Weiber so zwischen 17 und 27 mit, alt und schlecht werden sie von alleine.“

14 Tage ohne Futter

Als ich mit meiner Wandergruppe auf einem rasenbewachsenen Hohlweg den Rennsteig verließ und auf Josefs Haus in Friedrichshöhe zusteuerte, sagte ich zu meinen Schönen, dass sie langsam ihre Haarknoten öffnen können.
Von meinen Geschichten und Dia-Vorträgen, in denen Josef auch eine Rolle spielt, wussten alle in der Wandergruppe von Josefs Beziehung zu den Habsburgern, vor allem von seiner Verehrung für die langhaarigen Schönheiten des Österreichischen Kaiserhauses.
Heute war ich mir ziemlich sicher, dass Josefs geschulter Blick auf eine gut genährte, hübsche Brünette fallen wird. Als ich Josef auf sie aufmerksam machte, meinte er mit seinem verschmitzten schwejk’schen Lächeln: „Nicht schlecht, die kann ich 14 Tage ohne Futter halten.“

❖

Geschichten von Nuschke aus Masserberg

Wie Nuschke zu seinem Namen kam

Nuschke, (Zeichnung: Horst Golchert)

Nuschke, der eigentlich Manfred Koch heißt, hat seinen Spitznamen schon als Schuljunge bekommen. Damals, in den fünfziger Jahren, hütete Manfred nach Schulende und in den Ferien Ziegen für einige Familien des Oberendes, wie man den oberen Ortsteil von Masserberg nennt.

Viele Kilometer zog Manfred mit seiner Ziegenherde durch die Wälder. Er musste verdammt aufpassen, dass seine Herde nicht in das Waldrevier des Kuhhirten geriet oder gar die Felder plünderte. An manchen Tagen traf sich Manfred mit seinen Hütefreunden aus dem Mittel- und Unterende des Dorfes im Wald. Beim Spielen und Umhertollen mit den Freunden verging die Zeit wie im Flug. Als an einem solchen Tage seine Freunde auf Baumstümpfe sprangen und riefen, ich bin der Stalin, ich bin der Pieck, wollte Manfred nicht nachstehen, sprang auch auf einen großen Baumstumpf und rief ganz laut: „Und ich bin der Otto Nuschke.“ Seit diesem Tag hat Manfred seinen neuen Namen, der sogar in Messing graviert an seiner Haustür zu lesen ist, falls einer seinen richtigen Namen nicht kennt.

– – –

Otto Nuschke war Minister in der ehemaligen DDR.

Kannst Du nicht mal ein Auge zudrücken?

Als Nuschke und seine gleichaltrigen Schulkameraden in Masserberg konfirmiert wurden, waren die Konfirmandinnen und Konfirmanden noch für das Ausschmücken der Kirche verantwortlich. Abends traf man sich abwechselnd zu Hause bei den Mädels und Jungs, um meterlange Girlanden aus Tannenreisig zum Ausschmücken der Kirche zu wickeln.
Kurz vor dem großen Ereignis gingen die Konfirmanden mit dem Forstläufer Karl R. in den Wald, um kleine Fichtenbäume auszusuchen, die direkt vor der Kirche und auf dem Weg dahin aufgestellt wurden. Acht Fichten waren dafür nötig.
Nuschke und seine Freunde brauchten auch noch viel Tannenreisig, um den langen Weg vom Pfarrhaus bis zur Kirche mit zerkleinertem Tannengrün zu belegen. Der Forstläufer Karl R., der nur ein Auge hatte, wollte den Jungs natürlich nicht seine besten Bäume geben und wies ihnen ein paar „Krepel“ an, mit denen die Konfirmanden nicht ganz einverstanden waren.
Sie fragten den einäugigen Karl, ob er denn nicht mal ein Auge zudrücken könnte.
Worauf Karl sagte: „Soll wuhl us’n Orsch glotze!“ („Soll wohl aus dem Arsch glotzen!“)

❖

Die Wette

Immer, wenn ich an den ehemaligen Masserberger Sprungschanzen im Rehtal vorbei wandere, werde ich an eine Geschichte erinnert, die sich hier einst wie folgt zugetragen hat.

Der Winter zum Jahreswechsel 1956/57 brachte den Wintersportlern beste Bedingungen, und – wie es damals üblich war – traf man sich auch an diesem 1. Januar an der Sprungschanze.

Die Schanzenanlage im Rehtal war ein beliebter Treffpunkt aller Wintersportbegeisterten. Hier wurde, mit zum Teil von Masserberger Tischlern hergestellten Skiern aus Buche und Esche, abgefahren und auch gesprungen, jeder übte und fuhr nach seinen Fähigkeiten. Laute Stimmen am Anlaufturm der Schanze lenkten unsere Aufmerksamkeit dorthin. Drei Gestalten mit nicht mehr ganz sicheren Bewegungen tauchten aus dem Buchenwald auf. Eine von ihnen trug ein paar Sprungbretter auf den Schultern, die zweite hatte ein Paar Skischuhe in der Hand. Wir eilten hinauf und erkannten drei Masserberger, die uns erzählten, was sich hier abspielen sollte.

Nach einer feuchtfröhlichen Silvesterfeier trafen sich Einheimische am 1. Januar zum Frühschoppen in der Gaststätte „Schimannsheim", um hier das Neue Jahr würdig zu beginnen. Die Thüringer Klöße warteten an diesem Tag zu Hause vergeblich auf ihre Verzehrer. Gegen 14.00 Uhr erreichte die Stimmung in der Gaststätte ihren Höhepunkt, als einer der Zecher eine Wette anbot, die mit großem Hallo aufgenommen wurde. Er bot 50 Liter Bier gegen einen Sprung auf der großen Sprungschanze, die Weiten bis gut 50 Meter

zulässt. Nach kurzem Überlegen war Manfred Koch, unter seinem Spitznamen „Nuschke“ in Masserberg und Umgebung weithin bekannt, bereit, die Wette einzugehen. Nuschke war noch nie von einer Schanze gesprungen. Ein Freund von ihm, der des öfteren sprang, eilte nach Hause und holte seine Sprungbretter mit den dazugehörenden Schuhen. In diesem Aufzug trafen wir die drei am Anlaufturm der Sprunganlage. Ein bisschen unsicher geworden, als Nuschke am Ablauf stand, wollten die Schuhe nicht so recht passen, aber seine Begleiter halfen ihm mit wackligen Bewegungen in die Sprungstiefel. Ich glaube nicht, dass schon jemals ein Wintersportler in Masserberg oder irgendwo in einer ähnlichen Garderobe zu einem Sprung angetreten ist.
Unser Held trug, der Bedeutung des Tages entsprechend, Schlips und Kragen und einen schwarzen Mantel mit vergoldeten Spangen auf den Schultern.

Obwohl es schon lange her ist, sehe ich ihn noch heute so vor mir. Der Anlaufturm der Sprungschanze hatte damals in der Mitte eine Luke, in die der ungewöhnliche Skispringer von seiner Begleitnannschaft hineingeschoben wurde. Alle waren gespannt, wie wohl die Wette ausgehen würde. Nach wenigen Augenblicken tauchte eine schwarze Gestalt in der Luke auf und fuhr in einer leichten Hockstellung den Anlaufturm hinunter. Der lange Mantel ließ schleifend den Pulverschnee aufstieben. Ein herrliches Bild.

Kurz vor dem Absprung wurde Nuschke die Fahrt zu schnell, und er setzte sich, wohl aus Angst oder durch den Druck im Schanzenradius, hinten auf die Sprung-

bretter. In dieser Haltung flog er über den Bakken und kam nicht, wie bei Skispringern üblich, mit den Laufflächen, sondern mit den Hinterteilen der Bretter und dem Rücken mit dem Aufsprunghang in Berührung. Durch die quere Luftlage verließ Nuschke anschließend den Hang und stürzte kopfüber nach rechts in den Wald. Laut schrie einer der beiden Begleiter hinter ihm her: „Nuschke, die Wette ist ungültig, du hast den Aufsprunghang verlassen."
Der Rufer war der Initiator des Sprungunternehmens, der die Wette und sein Geld noch nicht verloren geben wollte. Unter großen Anstrengungen wurde Nuschke durch tiefen Schnee wieder zum Schanzentisch transportiert. Hier wurden ihm die Sprunglatten unter die Füße geschnallt, und er musste den Rest des Sprunges mit einer Abfahrt den Schanzenablauf hinunter beenden. Obwohl wieder vom Sturzpech verfolgt, leicht ramponiert, aber unverletzt, wurde die Wette nun als gewonnen anerkannt.
Mit begeistertem Hallo empfing man den Held des Tages in der Gaststätte „Schimannsheim", und wie es dort weiterging, kann sich wohl jeder denken.

Der Hartfaserdackel

Befreundete Ehepaare aus Weimar und Jena fuhren mehrere Jahre Anfang Februar mit ihren Kindern zu einem gemeinsamen Wintersporturlaub in die ehemalige CSSR. Die schöne Winterlandschaft am Keilberg, gemeinsame Erlebnisse am Skihang und an den Abenden hinterließen bei allen nachhaltige Eindrücke. Ein gemeinsames Abwintern im März in den

Finnhütten von Masserberg haben diese Ereignisse in Bildern und Gesprächen noch einmal Wirklichkeit werden lassen.
Bei einer solchen Zusammenkunft ging ich mit Prof. Z. und Prof. Sch. zu einem Glas Bier in die „Kohle", wie die Gaststätte und das damalige Betriebsferienheim „Robotron" in unserem Ort genannt wurde. Die junge Rauhhaardackeldame Dolli von Prof. Z. war ebenfalls mit von der Partie und durfte mit uns in die Gaststätte gehen. Ein paar Einheimische saßen am Stammtisch und waren schon in bester Stimmung. Unsere hübsche Dolli wurde besonders herzlich begrüßt und war schnell Mittelpunkt in der Gaststätte. Nuschke, unser Schieferdecker, hat sich besonders für die Rauhhaardackeldame interessiert.
Als wir uns wieder verabschieden wollten, kam Nuschke noch einmal auf Prof. Z. zu und fragte: „Hör mal, kannst du mir nicht auch so einen Hartfaserdackel besorgen?"

Haarige Philosophie

Einmal wurde Nuschke beim Friseur von seinem Meister überrascht, als er sich während der Arbeitszeit die Haare schneiden ließ.
Erbost sagte der Meister zu ihm: „Du kannst doch nicht einfach während der Arbeitszeit zum Friseur gehen, um dir die Haare schneiden zu lassen!" Nuschke, nie um eine Antwort verlegen, gab seinem Meister zur Antwort: „Mir wachsen die Haare während der Arbeitszeit, da kann ich sie mir auch während der Arbeitszeit schneiden lassen!"

Verspätete Demo in Masserberg

Als mich Nuschke an einem Januartag des Wendejahres 1990 im Dorf traf, rief er mir zu: „Alter, ich brauche einen Sack Fackeln, wir wollen heute Abend eine Demo zum Stasi-Hotel machen.“ Nuschke wusste, dass ich im Winter immer Fackeln für Abendwanderungen mit Urlaubsgästen vorrätig habe.
Die berühmten Montagsdemonstrationen in Leipzig und in anderen Städten der DDR waren schon Geschichte, als man in Masserberg erst begann, eine Demo zu organisieren. Selbst das Stasi-Hotel in Masserberg wurde vermutlich vergessen, denn die dazugehörigen Gäste feierten noch feucht und fröhlich in das neue Jahr.
Am Abend des Großereignisses trafen sich Einheimische und Masserberger Feriengäste vor der Schule auf dem Marktplatz. Mit Fackeln zog der große Demozug in Richtung Stasi-Hotel. Eigenartig war es den meisten schon zumute, denn was man hier tat, wäre vor Wochen noch unvorstellbar gewesen.
Das Stasi-Hotel „Am Rennsteig“ wurde 1986 fertiggestellt. Der gesamte Komplex war seitdem mit einem Zaun umgeben, und kaum ein Masserberger durfte seitdem durch das Tor gehen. Heute aber gingen alle durch das Tor, und nach einer kurzen Ansprache eines Masserbergers vor dem Stasi-Hotel musste dessen Leiter den Demonstranten Rede und Antwort stehen. Lange hielten sich die Demo-Leute an diesem Abend im Stasi-Hotel auf. Alle, die dabei waren, werden diesen Abend nicht vergessen, haben sie doch, wenn auch etwas verspätet, ein Stück Wendegeschichte mitgeschrieben.

Barfuß im Schnee

Es war wieder mal ein Wintertag in Masserberg, so richtig für einen gemütlichen Wirtshausbesuch gemacht. In der Gaststätte „Rennsteig“ ging es an jenem Tag hoch her. Das war meistens so, wenn sich die „richtigen“ Gäste zufällig zu einem Glas Bier trafen. Zu den „richtigen“ Gästen gehörten diesmal Nuschke und der Biebersch’ Richard. Richard Hetschel, wie der Bieber eigentlich hieß, gehörte einst zu den Wintersportpionieren von Masserberg. Richard war ein ausgezeichneter Ski-Langläufer und gehörte der legendären Staffel an, die 1923 und 1924 den 100-Kilometer Rennsteig-Skistaffellauf gewann. Draußen war es bitter kalt, und Masserberg drohte im Schnee zu ersticken. Richard hatte seine langschäftigen Filzstiefel angezogen. Als die Stimmung in der Gaststätte langsam vorankam, sagte der Bieber, dass er noch heute 60 Liegestütze machen kann, sogar mit seinen dicken Stiefeln an den Füßen. Als Nuschke das hörte, spitzte er sofort die Ohren: „Bieber, wenn du mit deinen Filzstiefeln 60 Liegestütze machst, laufe ich barfuß zu unserer Sprungschanze.“ Man muss bedenken, dass die Masserberger Sprungschanze einen knappen Kilometer von der Gaststätte „Rennsteig“ entfernt war. Aber Nuschke war sich seiner Sache vollkommen sicher, dass der in die Jahre gekommene Bieber nie und nimmer 60 Liegestütze machen kann, zudem auch noch mit den schweren Filzstiefeln. Die Wette wurde mit Handschlag besiegelt und Tische für den Schauplatz beiseite geräumt. Als der Bieber mit seiner Turnübung begann, wurde es Nuschke immer unheimlicher, denn er sah, dass Richard nicht müde werden wollte und 60 lupenreine Liegestütze hinlegte.

Ebenso flink wie der Bieber seine Liegestütze machte, zog Nuschke nun Schuhe und Strümpfe aus, sprang aus dem Fenster auf einen Schuppen, und von dort mit seinen nackten Füßen in den tiefen Schnee. Die Kneipe johlte. Alle hingen an den Fenstern und verfolgten, in der wohligen Wärme der Gaststätte, Nuschkes bitterkalten Lauf. Nuschke wählte den kürzesten Weg zur Sprungschanze, quer über die Wiese. Auf halber Strecke begegnete er einer dick vermummten Skiläuferin. Als die den barfüßigen Nuschke kommen sah, dachte sie wohl, dass sie hier nicht ganz richtig sein kann, und fiel vor Schreck in den Schnee.

Die legendäre Staffel-Mannschaft von 1923/24 (links der Bieber)

Nuschke ließ sich von dem kleinen Zwischenfall nicht beirren, erreichte kurz darauf den Hochwald und lief von dort mit langen Schritten auf einem breiten Waldweg zur Sprungschanze hinunter.
Schnell band Nuschke – wie verabredet – seinen schwarzen Schal als Beweis, dass er hier war, an das Anlaufgerüst der Sprungschanze und machte sich auf den Rückweg. Als Nuschke unterwegs war, hatte sich sein „Unternehmen Sprungschanze“ in Windeseile herumgesprochen. Eine Nachbarin des Gasthauses hatte sogar Nuschkes Vater alarmiert, der sofort in den „Rennsteig“ stürmte, um seinen Barfuß-Schneeläufer zu empfangen.
Auf dem Rückweg, bergan durch tiefen Schnee, malte sich Nuschke in Gedanken seinen Empfang in der Gaststätte aus, dachte an ein Fußbad für seine geschundenen Füße, die er kaum noch spürte, und an einen Glühwein, der wieder Leben in seinen strapazierten Körper bringen würde. Auf so viel Gutes eingestellt, war Nuschke halb tot, als ihn sein Vater mit einem fürchterlichen Donnerwetter für seine außergewöhnliche Leistung in der Gaststätte empfing. Lange mussten der Bieber und die anderen Gäste auf Nuschkes Vater einreden, um ihn zu beruhigen. Als dies geschafft war, setzten sich alle wieder friedlich zusammen an den Tisch und bestellten einen Liter Bier nach dem anderen.
Lange noch wurde an diesem Tag gefeiert, und es war mehr als gerecht, dass die Leistung vom Bieber und von Nuschke doch noch ihre verdiente Würdigung fand. Ohne die beiden hätte es diesen verrückten Wintertag, von dem man sich noch heute, nach so vielen Jahren, in den Wirtshäusern erzählt, nicht gegeben.

Lauschaer Namensgeschichten

Wie die Lauschaer zu ihren dritten Namen kamen

Tief eingeschnitten im Lauschatal liegt das weltbekannte Glasbläserstädtchen Lauscha. Steil ansteigend schmiegen sich die schiefergedeckten Häuser zu beiden Seiten des Tales an den Berg.

1597 wurde Lauscha mit einer Glashütte von den beiden Glasmeistern Hans Greiner und Christian Müller gegründet. Die einstige Dorfglashütte, im Zentrum des Städtchens gelegen, bestimmte bis zum Beginn des 20. Jahrhunderts das Leben der Glasbläserstadt.

Ein lustiger Menschenschlag lebt in Lauscha, und es ist wohl einmalig in Deutschland, dass die meisten seiner Einwohner einen Vor- und zwei Nachnamen tragen. Um die vielen Greiners, Müllers, Böhms und Bäz zu unterscheiden, wurde ihnen ein dritter Name angehängt, der im Ausweis eingetragen wurde und sich von Generation zu Generation vererbte.
Wie schwer es alleine die Post ohne die dritten Namen gehabt hätte, die etwa 350 Greiner- und 120 Müller-Familien, die es um 1970 in Lauscha gab, zu unterscheiden, kann sich wohl jeder vorstellen.
Der Lauschaer Mentalität entsprechend, entstanden viele der dritten Namen oft auf kuriose Weise.

Ein paar lustige Geschichten, die den Greiners und Müllers aus Lauscha zu ihrem dritten Namen verhalfen, sollen hier erzählt werden.

Der Uri

Felix Müller-Uri

Müller-Uri ist ein weithin bekannter Name, weil ihn der Lauschaer Glasbläser Ludwig Müller-Uri (1811 – 1888) trug, dem es 1835 gelang, die ersten künstlichen Menschenaugen aus Glas in Deutschland herzustellen und ihnen Weltgeltung zu verschaffen.
Entstanden ist der Name Uri aber nicht in Lauscha, sondern im benachbarten Schmalenbuche, einem heutigen Stadtteil von Neuhaus am Rennweg.
Nach Lauscha kam der Name durch den Glasmacher Joh. Andreas Müller-Uri, der 1770 in Schmalenbuche geboren wurde.
Für den Namen Uri verantwortlich aber war der Glasmacher Johann Müller-Ehle aus Schmalenbuche.

Bei einem Tanzabend kam es zwischen den Burschen aus Schmalenbuche und Wallendorf zu einer Schlägerei, aus der die Schmalenbuchener als Sieger hervorgingen. Natürlich wollten die Wallendorfer Burschen sich für ihre Schmach vom Vorabend rächen und zogen am anderen Morgen mit Stöcken und Knüppeln bewaffnet nach Schmalenbuche. Die gesuchten Burschen lagen aber noch in den Betten. Nur den Ehle trafen sie an, der gerade dabei war, seine Ochsen anzuspannen. Ihn beschimpften die Wallendorfer, warfen mit Steinen nach seinen Ochsen und trafen schließlich auch ihn. Kurzentschlossen nahm der Ehle die Vorspanndeichsel vom Wagen und trieb die fremden Burschen zum Dorf hinaus, wobei er auf sie einschlug und ihnen mehrere Beulen und schlimmere Verletzungen zufügte.

Die Geschichte hatte ein gerichtliches Nachspiel. Doch der Fürst von Schwarzburg-Rudolstadt, dessen Untertan der Ehle war, hatte von der Begebenheit gehört und griff ein.
Als sich der Fürst zur Jagd im Herrenhaus (dem heutigen Neuhaus am Rennweg) aufhielt, ließ er den Glasmeister Müller-Ehle zu sich kommen. Nach erstattetem Bericht lobte der Fürst den Ehle wegen seiner Tapferkeit und verglich die Tat mit der der Leute aus Uri, Schwyz und Unterwalden in der Schlacht bei Morgarten.

Die Geschichte hat sich herumgesprochen, und fortan bekam der Ehle den Beinamen „der Uri“.

Der Sücher

Friedrich Christoph Bäz-Sücher

Friedrich Christoph Bäz, geb. am 30. Dezember im Jahre 1825, war Schachtelmacher, Holzmacher und auch Sägenfeiler. Er war ein groß gewachsener Mann, der jeden Morgen im Wald seiner Arbeit nachging. Über die eine Schulter des Holzmachers hing die Axt und die in einer Holzscheide steckende Ziehsäge, und auf der anderen Schulterseite trug er den Kober, eine große Holzschachtel, in der er sein Essen hatte.
Dabei ging er, besonders in seinen späteren Jahren, stark vornüber gebeugt. Einheimische, die ihm begegneten, sagten: „Ar gätt ömmr, wie wenn'r wos sücht.“(Er geht immer, als ob er was sucht).
So hat „Dr alt Sücher“ seinen aus dem Lauschaer Dialekt entstandenen dritten Namen bekommen.

Der „Sücher“ war ein gutmütiger Mann, und er hat nie Einwendungen gegen den Namen gehabt, der auf seine Kinder übertragen wurde.

Der Napoleon

Albin Greiner-Nap

„Nap“ ist in Lauscha die Abkürzung für Napoleon. Louis Greiner-Stöffele (2.9.1845 – 30.3.1920), der Vater von Albin Greiner-Nap, hat den Namen Napoleon bekommen.

Bevor Louis Greiner seine spätere Frau kennen lernte, hatte er eine Braut in Neuhaus, die Helene hieß. Eines Tages war er wieder nach Herrenhaus, wie Neuhaus am Rennweg in Lauscha auch genannt wird, unterwegs, um dort seine Braut zu besuchen.
Als er die Perthenecke herabging, guckte der „alt Uri“ zum Fenster heraus und fragte: „Ho Lui, wu wellsta denn hie?“ „Ich geh off Helena!“ „So Lui häßta, onn off Helena gästa, onn du host a noch an zwätn September Geburtstog, do bista doch dr Napoleon.“
(Der 2. September 1870 war der Tag der Niederlage Louis Napoleons III. in der Schlacht bei Sedan. Die Lauschaer verbannten auch Louis Napoleon III. nach St. Helena.)

Diese Geschichte sprach sich in Lauscha schnell herum, und den „Napoleon“ ist Louis Greiner nicht mehr losgeworden. Es war ein allen bekannter, gut zu unterscheidender Name gefunden, der in Lauscha gebraucht wurde und sich fest einbürgerte.

Simone Greiner-Petter-Memm

Der längste Sportlername der Welt?

Jeder Wintersportinteressierte hat den Namen der Weltklasse-Biathletin Simone Greiner-Petter-Memm schon einmal gehört oder sie bei einer Skijagd im Fernsehen bewundert.
Manch einer wird sich aber auch fragen, wie jemand zu so einem langen Namen kommen kann, der manchen Sportreporter ins Stottern geraten lässt.

Aufgewachsen ist Simone Greiner-Petter in Neuhaus am Rennweg. Ihre Vorfahren aber waren im benachbarten Lauscha zu Hause.

Die Glasbläserstadt Lauscha

Louis Karl Theodor Greiner, geboren am 06.10.1838, schrieb sich als erster in Lauscha Petter. Er hat den Namen über seinen Vater hinweg von seinem Großvater, dem Glas- und Perlenmacher Johann Peter Martin Greiner, bekommen. Petter heißt in der Lauschaer Mundart nichts anderes als Peter. Um eine Unterscheidung zu den anderen Greiners zu bekommen, wurde dem Nachnamen die mundartliche Form von Peter angehängt.
Simones dritter Name erklärt sich damit, dass einer ihrer Lauschaer Vorfahren mit Vornamen Peter hieß.
Als Simone Greiner-Petter 1992 den Biberauer Sylvio Memm heiratete, wurde ihr der Name ihres Mannes auch noch angehängt, und somit heißt sie nun Simone Greiner-Petter-Memm.

Aus: „Lauschaer Leut“, Gestalten und Namen vom Thüringer Wald.

Nacherzählt von Horst Golchert

❖

Geschichten um die Teufelsbuche

Urians Rache

Am alten Kreuzweg zwischen Neustadt am Rennsteig und Masserberg steht die Teufelsbuche.

Der Teufel konnte es nicht ertragen, wenn sich die Menschen Wege und Steige durch den Wald bauten. Am meisten ergrimmte es den Bösen, als sich die Wäldler einen Weg von Altenfeld her über den Rennsteig hinab in den Neubrunngrund bahnten. Der Teufel wollte sich dafür rächen. An der Teufelsbuche ist es seitdem nicht mehr geheuer.
Wo der verknorpelte Grenzbaum steht, wurde einst Wegezoll verlangt.

Der Altenfelder Stieg, aus dem ehemals Sondershäusischen heraufkommend, kreuzt an der uralten Buche den Rennsteig und führte ins sächsisch-meiningische Land nach Gießübel hinunter.

Vieh aus dem Fränkischen um Coburg und Kronach war billig, war gängig vor dem Wagen, gab gute Milch und wurde als Schlachtvieh sehr geschätzt.
Händler und Schmuggler, die ihr ganzes Geld beim Kauf des Viehs im fränkischen Land ausgegeben hatten, versuchten die Tiere an der Teufelsbuche am Zoll vorbei zu schmuggeln. Neblige und regnerische Tage waren den Schmugglern besonders recht. Gab es solch trübes Wetter, tuschelten die Leute hinter vorgehaltener Hand, die Händler stünden mit dem Teufel im Bunde, weil er ihnen Schmuggelwetter schickte.

Haarsträubende Geschichten wurden an solchen Tagen von den Schmugglern erzählt. Einen Teufel mit glühenden Augen will einer gesehen haben, der grausige Töne von sich gab. Mit einem fürchterlichen Knall, so berichtete der Schmuggler, soll ein brennendes Holzscheit hoch über den Rennsteig geflogen sein, genau dorthin, wo sich die meiningischen Zöllner im Fichtendickicht versteckt hatten. In panischer Angst verließen sie daraufhin ihr Versteck und rannten bis zur Neubrunn hinunter, wobei sie ein Grunzen und höhnisches Kichern des Teufels begleitete. Diesen Augenblick nutzte der Schmuggler, um seine Herde „zollfrei" über die Grenze auf den Altenfelder Stieg zu treiben.

Fuhrleute aus Masserberg wussten zu berichten, dass ihnen an der Teufelsbuche plötzlich die Laternen am Wagen erloschen und die Bremsen an den Rädern angezogen waren. Kaum hatten die Männer die Laternen wieder angezündet, wurde das Licht erneut ausgeblasen, und das hämische Kichern des Teufels vermischte sich mit dem Heulen des Sturmes.

Die Schachtelmacher aus Masserberg nahmen sich wohl in acht, um nicht beim Liefern ihrer Ware von Neustadt zu spät heimzugehen. Schafften sie es aber nicht, sprang ihnen der Unheimliche mitunter in den Korb, ließ sich ein Stück des Weges mitschleppen oder warf die armen Menschen in den Straßengraben.

Einem Gießübler Fuhrmann wurde sein Pferd an der Teufelsbuche so wild, dass es noch in der gleichen Nacht verendete.

Ein Altenfelder Holzknecht konnte bezeugen, dass ihn der Teufel hier oben am Rennsteig die Lixen an den Rädern entfernte und sie weit in den Wald hineinwarf. Der Wagen, so berichtete der Holzknecht, verlor die Räder, und die Achse brach mit einem lauten Krachen auseinander.

Nacherzählt von Horst Golchert

Ein störrischer Trabi

Dass die Teufelsbuche ihre mystische Kraft auch in unserer Zeit nicht verloren hat, soll die nachfolgende Geschichte erzählen.

Mehrmals im Jahr fuhr Dr. N. an den Wochenenden mit ihrer kleinen Tochter von Weimar zu Besuch nach Masserberg. Als ihr Trabi zum erstenmal kurz vor Masserberg an der Teufelsbuche seinen Geist aufgab und nicht weiterfahren wollte, hat sich Dr. N. noch nichts dabei gedacht.
Aber als sich die Geschichte an den nächsten Wochenenden wiederholte und der Trabi direkt an oder kurz vor oder hinter der Teufelsbuche stehen blieb, hat sich Dr. N. an die alten Geschichten erinnert, die man sich von der betagten Buche erzählt.

Eigenartig war, dass der Trabi immer nur einige Minuten die Weiterfahrt an der Teufelsbuche verweigerte, danach wieder ansprang und willig am alten Grenzbaum vorbei in Richtung Masserberg weiterfuhr.

Wegen seiner Bockigkeit wurde der Trabi in eine Werkstatt gebracht und dort auf Herz und Nieren untersucht. Umsonst, der Trabi war kerngesund. Keiner konnte sich sein stetiges Stehenbleiben an der Teufelsbuche erklären. Auch nach dem Werkstattbesuch hat der Trabi sein Teufelsbuchen-Syndrom nicht verloren und blieb weiterhin wie ein störrischer Esel an der Teufelsbuche stehen.
Dr. N. konnte sein Verhalten nicht mehr beunruhigen, wusste sie doch aus Erfahrung, dass ihr Trabi, nachdem er seinen ganzen Mut zusammengenommen hatte, nach wenigen Minuten weiterfahren würde.

Dass es an der Teufelsbuche nicht mit rechten Dingen zugeht, daran hat sie bestimmt gedacht.

Wie ein Ziegenbock der Teufelsbuche zu ihrem Namen verhalf

Die lustigste Geschichte, wie die Teufelsbuche zu ihrem Namen kam, erzählte uns ein Busfahrer der Rennsteiglinie Oberhof-Masserberg.

Als wir mit dem Bus nach 5 Kilometern Fahrt kurz vor der Teufelsbuche waren, sagte der Fahrer, dass wir nun mit unserem Geschnatter aufhören sollen, weil es an der alten Buche oft nicht mit rechten Dingen zugeht. Wenn wir zu laut sind und den Teufel stören, könnte es sein, dass er uns nicht an seiner Buche vorbeifahren lässt.
Wie uns der Busfahrer erzählte, soll sich hier einst folgende Geschichte zugetragen haben:

Die Teufelsbuche am alten Kreuzweg zwischen Neustadt a. R. und Masserberg (Zeichnung Horst Golchert)

Ein Bauer, der sich in Neustadt einen Ziegenbock gekauft hatte, kam auf dem Nachhauseweg auf dem Rennsteig an einer alten Buche vorbei, die an der Stelle steht, wo ein Weg von Altenfeld hinunter nach Gießübel den Rennsteig kreuzt. Als der Bauer mit seinem Ziegenbock nach einer knappen Stunde die Buche an jenem Kreuzweg fast erreicht hatte, wurde sein Ziegenbock störrisch, stellte sich auf die Hinterbeine und war nicht mehr dazu zu bewegen, auch nur einen Schritt weiter zu laufen. Kurzentschlossen nahm ihn der Bauer auf den Rücken, wobei die Hörner des Ziegenbockes so über den Kopf des Bauern hinausragten, als ob sie zu ihm selbst gehörten.
Als nun der Bauer mit seinem geschulterten Ziegenbock an der alten runzligen Buche vorbeikam, begegnete ihm ein Mönch, dem man schon von weitem ansehen konnte, dass er nicht nur eine Flasche Wein getrunken hatte. Als der Mönch in seiner weinseligen Stimmung aufschaute und den Bauern mit den Hörnern sah, raste er wie ein Irrer den Berg nach Altenfeld hinunter und schrie wie wild im Dorf herum, dass er an der alten Buche oben am Rennsteig gerade dem Teufel begegnet sei.
Fortan nannte man den Baum die Teufelsbuche.

❖

Wanderungen am Rennsteig

Ein besonderes Geburtstagsgeschenk

Als ich erfuhr, dass sich im August 1996 ein 88jähriger an einer Rennsteigwanderung beteiligen wollte, wusste ich nicht so recht, was ich dazu sagen sollte.
In den vielen Jahren als Wanderleiter habe ich schon die tollsten Sachen erlebt, aber eine 168 Kilometer lange Streckenwanderung über den Rennsteig kann man nicht mit einem Spaziergang zu Hause oder einer Tageswanderung am Wochenende vergleichen.
Neben der Rennsteigwanderung waren während der Wanderwoche auch reichlich Kultur und eine kleine Thüringen-Rundfahrt angesagt.
Nachdem ich meine Rennsteig-Wandertruppe in unserem Eisenacher Hotel begrüßt hatte und dabei auch meinen „Altrenner" Gerhard Harbs kennen lernte, verbrachten wir den nächsten Tag auf der Wartburg und in den Eisenacher Museen. Am Tag darauf fuhren wir nach Hörschel, um dort unsere Rennsteigwanderung zu beginnen. Das Rennsteigabenteuer sollte dann, nach der Hälfte des Rennsteiges, am Großen Dreiherrenstein bei Neustadt a. R. enden.
Nach altem Rennsteig-Wanderbrauch fischten wir uns ein Steinchen aus der Werra, um es im nächsten Jahr am Ende des Rennsteiges in Blankenstein in die Selbitz zu werfen.
Als wir endlich loszogen, schielte ich auf den ersten Kilometern hin und wieder mal zu meinem rüstigen „Altrenner" Gerhard. Erstaunt konnte ich feststellen, dass er sich sofort in der Spitzengruppe festgesetzt

hatte und dabei noch locker mit anderen Wanderfreunden plauderte. Es war schön anzusehen, wie leicht Gerhard die ersten 21 Kilometer meisterte, und ich war mir sicher, dass er die restliche Strecke mit links machen würde. Gerhard mochte gar nicht, dass man von seiner Leistung viel Aufhebens machte, denn schließlich, so erzählte er mir, wandere er zu Hause noch regelmäßig, und außerdem sei er in seiner Jugend einmal Niederschlesischer Waldlaufmeister und Niederschlesischer Meister über Fünftausend Meter gewesen.
Am vierten Tag erreichte ich mit meinem Wandertross Oberhof, wo wir für den Rest der Wanderwoche unser Quartier aufschlugen.
Für einen Tag wurden wir dem Rennsteig untreu und unternahmen von Oberhof aus eine Wanderung über den Veilchenbrunnen zu den Sprungschanzen im Kanzlersgrund und zu den anderen Oberhofer Sportstätten. Bei unserer Mittagsrast in der „Schanzenbaude", bei der ich mit Gerhards Tochter Gisela am Tisch saß, spitzte ich die Ohren, als ich erfuhr, wie Gerhard zu seiner Rennsteigwanderung gekommen war. Zuerst dachte ich, Gisela will mich auf den Arm nehmen, als sie so nebenbei erwähnte, dass sie extra aus Amerika eingeflogen sei, um mit ihrem Vater diese Rennsteigwanderung zu unternehmen, die sie ihm zum 88. Geburtstag geschenkt hat. Gerhards Tochter lebt schon zweiunddreißig Jahre in New York.
Viel zu schnell verging die Wanderwoche.
Meine Rennsteig-Mannschaft war sich aber einig, dass wir uns im nächsten Jahr wieder treffen, um den Rest des alten Höhenpfades unter unsere Wanderstiefel zu nehmen.

Der Rennsteig ist durchgängig mit einem weißen R und solchen schönen Holzwegweisern gekennzeichnet. (Zeichnung: Horst Golchert)

Ein Jahr später, so etwa zwei Monate vor Beginn der zweiten Rennsteigetappe, rief mich Gerhard ganz entrüstet an und fragte, ob ich ihn diesmal nicht dabei haben wollte. Als Gerhard beim Bremer Reisebüro „Schwale Reisen" angerufen hatte, um seine Rennsteigwanderung zu buchen, sagte man ihm, dass die Reise ausgebucht sei. Natürlich gab es für meinen „Altrenner" Gerhard noch einen Platz, und auch seine Tochter Gisela flog wieder über den großen Teich, um mit ihrem Vater und den anderen Wanderfreunden über den Rennsteig zu ziehen.

Alle waren wieder nach Thüringen gekommen, und ein bisschen Wehmut war schon dabei, als wir uns nach einer erlebnisreichen Wanderwoche in Blankenstein vom Rennsteig verabschiedeten.

Gerhard hat den Rennsteig locker bezwungen, und er hat mit seiner Anwesenheit und seinem trockenen Humor mit dazu beigetragen, dass die gemeinsamen Wandertage allen unvergesslich bleiben.
Und vielleicht ist ja Gerhards Tochter Gisela die erste „Amerikanerin", die unseren schönen alten Höhenpfad erkundet hat.

Der falsch verstandene Rennsteiggruß

Schallendes Gelächter war die Antwort, als Christa ganz laut „Gut Brunst" schrie, als sie die Gaststätte des Hotels „Auerhahn" in Masserberg betrat, die mit lustigen Rennsteigwanderern gefüllt war.
„Gut Runst", so hatte ich es meiner Wandergruppe erklärt, ist der Gruß der Rennsteigwanderer. Christa hatte den Rennsteiggruß wohl etwas falsch verstanden.

Ein verhängnisvolles Versprechen

Vom 12. bis 18.06.1994 war Masserberg Veranstaltungsort der 19. Strabologischen Seminarwoche des Berufsverbandes der Augenärzte Deutschlands. Masserberg war der erste Ort in den neuen Bundesländern, in dem die Seminarwoche nach der deutschen Wiedervereinigung durchgeführt wurde.

Tagungshotel für die 120 Teilnehmer (Augenärzte und Orthoptistinnen aus Deutschland, Schweden, Österreich, der Schweiz und Italien) war das gerade erst umgebaute ehemalige Stasi-Hotel Rennsteig. Neben den täglichen Seminaren und Vorlesungen standen auch Wanderungen und eine Busfahrt auf dem Programm.

Dr. Freigang, Geschäftsführer des Berufsverbandes der Augenärzte Deutschlands, hatte mich schon lange vor Beginn der Seminarwoche angesprochen, ob ich die große Gruppe mit ihm zusammen auf den Wanderungen betreuen möchte. Gerne habe ich zugesagt. So haben wir die schönsten Wanderziele in der näheren Umgebung von Masserberg erkundet.

Am ersten Tag wanderten wir auf dem Rennsteig, der direkt an der Haustür des Tagungshotels vorbeiführt, in das einst kleinste selbständige Dorf der damaligen DDR, nach Friedrichshöhe. Nach dem Mittagessen in der Gaststätte „Zum Rennsteig“ lockte das schöne Frühlingswetter die ganze Gruppe nach draußen, vor die Gaststätte. Wie bunte Farbflecken war die wohl größte Strabologische-Rennsteig-Wandertruppe aller Zeiten im Umkreis der Gaststätte verteilt. Einige hatten es sich auf der bunten Frühlingswiese bequem gemacht, andere saßen auf Stühlen und Bänken vor der Gaststätte, und jeder wurde in seiner Lage von den Wirtsleuten mit Kaffee versorgt.
Das schöne Frühlingswetter und die lockere Atmosphäre hatten schon nach kurzer Zeit aus der großen Gruppe eine Familie werden lassen, und keiner dachte so recht ans nach Hause gehen.

Als es dann aber doch soweit war, holte ich die Gitarre aus der Gaststätte, und wir verabschiedeten uns von den Wirtsleuten, der Familie Lutz, und von Friedrichshöhe mit dem Rennsteiglied. Unser Chorauftritt mit dem Rennsteiglied in Friedrichshöhe hatte sich wahrscheinlich bis zum Hotelleiter des Tagungshotels in Masserberg herumgesprochen, und der ließ sich während eines Umtrunks zu einer folgenschweren Äußerung verleiten. Er versprach jedem Teilnehmer der Seminarwoche, der das Rennsteiglied mit allen drei Strophen am letzten Tag der Tagungswoche fehlerfrei singen kann, ein kostenloses Wochenende im Rennsteighotel von Masserberg. Täglich wurde nun das Rennsteiglied geübt und der vervielfältigte Text gelernt. Überall, wo wir hinkamen, wurde das Rennsteiglied geschmettert.
Gut ein Jahr später, ich dachte schon gar nicht mehr an das Versprechen des Hotelleiters, hörte ich vor meiner Wohnung einen Chor ganz laut das Rennsteiglied singen. Als ich hinausging, um nachzusehen, was da draußen los ist, sah ich die Siegergruppe des vorjährigen Gesangswettbewerbes, die nun für das fehlerfreie Singen des Rennsteigliedes ein kostenloses Wochenende im Rennsteighotel von Masserberg verbringen durfte.

❖

Der Schnapsbrenner

Anfang Juni 1987, als die Bergwiesen in voller Blüte standen, unternahm ich mit Masserberger Feriengästen eine Ortswanderung, bei der ich sie u. a. auch mit den typischen Blumen und Pflanzen unserer Gegend bekannt machte. Ich zeigte ihnen die Bärwurz, deren weiße Dolden zusammen mit den vielen gelben Hahnenfußgewächsen und dem bläulich blühenden Waldstorchschnabel den Bergwiesen ihre Grundfarbtöne geben. Mir nichts dabei denkend, erwähnte ich auch, dass die Wurzel der Bärwurz einen guten Kräuter- und Magenschnaps ergibt, wenn sie in einen geschmacksneutralen Klaren gegeben wird und zum Durchziehen einige Zeit stehen bleibt. Schon drei Tage später besuchte mich ein Gast, der an der Ortswanderung teilgenommen hatte. Ich traute meinen Augen nicht, als er freudestrahlend zwei große Flaschen vor mich hinstellte, die mit einem klaren Schnaps gefüllt waren. Der Feriengast erklärte mir, dass er die eine Flasche nach meinem Rezept mit der geschälten Wurzel der Bärwurz versehen hätte, und in die andere hatte er sogar die braunen, kümmelartigen Früchte der Pflanze hineingegeben. Seine Frau sagte ängstlich zu mir: „Er wird sich doch nicht vergiften!“ Als ich ihm erklärte, dass der Kräuterschnaps nach drei Tagen noch nicht fertig sei, goss er mir einen ein, und ich musste zugeben, dass der Klare schon etwas den kräftigen Geschmack der Wurzel angenommen hatte.

Zu jeder organisierten Wanderung, und das war damals fast täglich, war mein Mecklenburger Freund zur Stelle und ließ mich vom Resultat meines Rezeptes kosten.

Unsere Trinkerei blieb den anderen Gästen natürlich nicht verborgen, der Brauerfolg sprach sich schnell herum, und der Mecklenburger wurde von den Feriengästen fortan nur noch „Schnapsbrenner“ genannt. Obwohl mich mein Kräuterspezialist während seines Urlaubs fast zum Alkoholiker machte, hat er uns mit seiner Originalität viel Freude bereitet.
Mich hat bald der Schlag getroffen, als ich eines Tages eine kleine Gruppe älterer Damen mit Spaten und Hacken bewaffnet durch die Masserberger Wiesen ziehen sah. Mit prallgefüllten Beuteln besuchten mich die Damen wenig später, um sich das Bärwurzrezept noch einmal genau erklären zu lassen und nachzufragen, ob das auch die richtigen Wurzeln seien.
Nach diesen Erlebnissen habe ich das Bärwurzrezept nie wieder erwähnt.

❖

Von Rennsteig-Steinen

Das schlechte Gewissen

Kurz nach der Wende, im Frühjahr 1990, bat mich Förster Voigt aus Gießübel, einen Rennsteigstein, den seine Forstarbeiter beim Holzrücken im Winter aus Versehen herausgerissen hatten, wieder an alter Stelle einzugraben. Mit Spitzhacke und Schaufel fuhr ich zu jener Stelle kurz hinter der Schwalbenhauptwiese, zwischen Masserberg und Neustadt am Rennsteig, um den alten Grenzstein wieder einzugraben. Doch der Stein, der tags zuvor noch hier gelegen hatte, war verschwunden. Das einzige, was zu sehen war: eine Autospur im hohen Gras. Es bestand kein Zweifel, der Rennsteigstein wurde gestohlen!

Etwa zwei Jahre später, ich war wieder einmal in Richtung Neustadt unterwegs, traute ich meinen Augen kaum, als ich den gestohlenen Rennsteigstein an gleicher Stelle wieder liegen sah.
Gut für den Rennsteig, dass den Steindieb wahrscheinlich das schlechte Gewissen plagte und er den alten Grenzwächter wieder dorthin zurück brachte, wo er hingehörte und auch noch einige Jahrhunderte stehen soll.

Schnell fuhr ich nach Hause, holte mein Werkzeug und grub den Rennsteigstein ein, damit er nicht noch einmal für zwei Jahre verschwindet. Der schlichte „Diebstein“, wie ich ihn getauft habe, steht zwischen Schwalbenhauptwiese und Laßmannstein, etwas oberhalb der Fahrstraße.

Der gefälschte Rennsteigstein

Bewandert man den Rennsteig am Ortsausgang von Masserberg in Richtung Neustadt, trifft man nach etwa einem Kilometer, auf der Höhe des Ersteberges, auf einen alten und gut erhaltenen Rennsteigstein. Auf seiner dem Rennsteig zugekehrten Seite zeigt die Zahl 1528 das Jahr an, als er hier seinen Standort als Grenzstein bekam. Unter der Jahreszahl schmückt ihn die sächsische Raute, das einstige Hoheitszeichen des Herzogtums Sachsen-Meiningen. Die andere Seite zeigt eine doppelzinkige Erz- oder Schürfgabel, welche die Herrschaft der Fürsten von Schwarzburg-Sondershausen symbolisierte. Die nördliche Seite des Rennsteigsteines ist mit den laufenden Nummern 172 und 176 versehen, und auf seinem Kopf erkennt man eine Richtungskerbe, die den Verlauf der einstigen Grenze bis zum nächsten Stein anzeigte.

Hätte das mit der Jahreszahl 1528 seine Richtigkeit, wäre der Grenzstein auf dem Ersteberg der zweitälteste, der den Rennsteig säumt.

Der gefälschte Rennsteigstein (Zeichnung: Horst Golchert)

Als ältester gilt der 1513 gesetzte Kurfürstenstein im Fränkischen bei Steinbach am Wald.
Wer allerdings den Stein auf dem Ersteberg mit einem kleinen Querstrich noch um 70 Jahre älter machte, weiß man nicht. Vielleicht wurde die Fälschung von einem Rennsteigfreund aus Lokalpatriotismus vorgenommen, um den zweitältesten Grenzstein in seine Gegend zu holen. Jedenfalls kostete es wenig Mühe, die für diese Korrektur günstig eingemeißelte Neun mit einem kleinen Strich in eine Zwei zu verwandeln und ihn von seinem korrekten Alter von 1598 auf 1528 abzuändern. In einem Rennsteigbuch wird er sogar als ältester Rennsteigstein bezeichnet. Wenn man bedenkt, dass Autoren der ehemaligen DDR das durch die Grenze abgetrennte Fränkische Rennsteiggebiet bei Steinbach am Wald und die im damaligen Sperrgebiet liegenden Rennsteigabschnitte nicht erwähnen durften, hätte es schon seine Richtigkeit gehabt.
Wie man sieht, sind selbst namhafte Autoren auf den kleinen Querstrich reingefallen.

Wo war der Kleine Dreiherrenstein?

Als ich mit einer größeren Wandergruppe am 27.06.1990 am Kleinen Dreiherrenstein auf der Hohen Heide bei Masserberg vorbeikam, fuhr mir der Schreck in die Glieder!
Der alte Dreiherrenstein, der einst die Fürstentümer Schwarzburg-Rudolstadt, Schwarzburg-Sondershausen und das Herzogtum Sachsen-Meiningen trennte, war weg. Nur noch der Sockel des Steines ragte aus dem Erdreich.

Eine gute halbe Stunde suchte ich mit meiner Wandertruppe im weiten Umkreis nach dem Stein. Wir schauten hinter jeden Baum, untersuchten jede Mulde und krochen im hohen Gras umher – vergebens!
Überall fragte ich nach, ob jemand wüsste, wo der Stein sein könnte. Ich telefonierte mit verschiedenen Stellen und drohte sogar, die Sache der Polizei zu melden. Am nächsten Tag wanderte ich wieder zur Hohen Heide, neugierig, ob sich meine Bemühungen gelohnt hatten und reuige Sünder den Stein zurückgebracht haben. Eigentlich hatte ich ihn schon abgeschrieben und traurig darüber nachgedacht, dass nun wieder einer der Dreiherrensteine, die den Rennsteig säumen, fehlt.
An der Heidehütte angekommen, fiel mir sofort eine tiefe Schleifspur im hohen Gras auf, der ich nachging und wirklich unseren alten Grenzwächter wiederfand.
Damit er nicht noch einmal gestohlen werden konnte, schleppte ich den Stein in eine tiefe Mulde, verbarg ihn unter Tannenreisig und stellte ihn später – in der Mitte mit einer dicken Eisenstange gesichert – an alter Stelle wieder auf.

Stein ist wieder an Ort und Stelle

Frau **MARIANA BÖRNER** aus Spreenhagen verlebte zwei Wochen Urlaub in Heubach und Umgebung und schreibt: Ich bin viel gewandert, schöne Strecken dabei wiederholt gegangen. So mußte ich die bestürzende Entdeckung machen, daß der kleine Dreiherrenstein auf dem Rennsteig zwischen Eisfelder Ausspanne und Masserberg verschwunden ist. Wo ist er hingekommen? Können Sie nicht etwas unternehmen, damit unsere mitunter so bescheidenen aber wertvollen Kulturgüter erhalten bleiben.“ Wie uns die Masserberger Bürgermeisterin mitteilte, ist besagter Stein tatsächlich mutwillig herausgerissen und weggeschleift worden. Wanderleiter Horst Golchert hat ihn aufgespürt und auch wieder einbetoniert.

Die Zeitung nahm regen Anteil an dieser Geschichte, aus: Freies Wort, Suhl

Originelle Leute

Christian Heergesell, der letzte Einsiedler des Thüringer Waldes?

Wandert man von der Schmücke bei Oberhof auf dem Rennsteig in südlicher Richtung weiter, gelangt man nach etwa zwei Kilometern zum Mordfleck.
Am Mordfleck führt links ab ein Weg hinunter ins Freibachtal und nach Stützerbach. Folgen wir diesem Weg ein paar hundert Meter bis zur scharfen Linksbiegung, zweigt wenige Meter danach ein unscheinbarer Fußpfad rechts ab zum Blauenstein. Nach nur wenigen Minuten taucht unvermittelt der dunkle, von Fichtenwald umgebene Felsen aus Porphyr vor dem Wanderer auf. Vom Blauenstein führt der Fußpfad zur Blauenstein-Wiese und auf ihr hinunter zum Freibach.

Der Freibach hat sich ein wildromantisches Tal geschaffen und trennte einst als Grenzfluss preußisches und gothaisches Gebiet, was alte Grenzsteine entlang des Baches bezeugen.

Folgen wir dem Bachlauf unterhalb der Blauenstein-Wiese noch ein paar Meter gegen die Fließrichtung, gelangen wir zu der Stelle, an der Christian Heergesell, der wohl letzte Einsiedler des Thüringer Waldes, gelebt hat.
Um 1805 hat es den aus dem Brandenburgischen stammenden Beutler (Weber) und ehemaligen preußischen Soldaten in die Wildnis des Thüringer Waldes verschlagen. Etwa zwanzig Jahre lang hauste Heergesell in einem ehemaligen Zechenhaus.

Im Freibachtal wurde, bevor der Einsiedler sich hier niederließ, nach Erzen und Steinkohle gegraben. Noch heute kann man die schwarzblaue Steinkohle an verschiedenen Stellen in diesem Bereich des Freibachtales finden.
Es wird wohl das Geheimnis des Einsiedlers bleiben, warum er sich in das einsame Bergtal zurückgezogen hat. Heergesell ernährte sich von Beeren, Pilzen, Kräutern und von allem, was der Wald zu bieten hatte. Ein kleiner Garten vor seiner Hütte versorgte ihn mit Küchengewächsen, und der nahe Bach gab ihm das Wasser. Verirrten sich einmal Wanderer in die Abgeschiedenheit des Tales, staunten sie nicht schlecht über den alten Einsiedler mit dem langen weißen Bart. Heergesell soll ein gebildeter Mann gewesen sein, der fesselnd und in feinstem Berliner Dialekt aus seinem bewegten Leben erzählen konnte. Von den wenigen Fremden, die ihn in seinem Tal besuchten, bekam er gelegentlich Geschenke, gebettelt hat er aber nie.
Selbst Karl August und sein naturbegeisterter Dichterfürst Goethe sollen Heergesell bei einem ihrer Stützerbach-Aufenthalte mit einem Besuch beehrt haben. Goethes Enkel Wolfgang Maximilian ist – vom Reiz der Ilmquellen angezogen – das Grenztal hinauf gewandert, hat die Landschaft auf sich einwirken lassen und seine Eindrücke in dem Gedicht „Erlinde" geschildert.
Nur selten hat Heergesell sein Tal verlassen und ist in eines der nahe gelegenen Dörfer gegangen.
Im Januar 1825 fand man Heergesell tot in seiner Hütte. Als man den alten Einsiedler in Gehlberg zu Grabe trug, soll er über 90 Jahre alt gewesen sein.

Der Unfall

Vor gut 50 Jahren, als sich diese Geschichte zutrug, trafen sich die Einheimischen in den Thüringer Bergdörfern nach Feierabend und an den Wochenenden noch häufiger als heute in den Dorfgaststätten. Man spielte Karten, tauschte Neuigkeiten aus, trank sein Bier und dachte sich in bester Stimmung so manchen Streich aus, wofür die Wäldler ja bekannt sind.
In Heubach, in der damaligen Gaststätte „Griebel“, wollten sich die Stammtischbrüder, die gewöhnlich die Stellung am längsten in den Kneipen hielten, vor dem Nachhausegehen noch einen Höhepunkt verschaffen. Nach einem durchzechten Abend, so gegen ein Uhr, riefen sie den Landarzt Dr. R. in Fehrenbach an und sagten ihm, dass er sofort kommen möchte, weil sich in der besagten Gaststätte jemand das Bein gebrochen hätte.

Dr. R. war ein pflichtbewusster Arzt, den man zu jeder Tages- und Nachtzeit zu dringenden Notfällen rufen konnte. Er hat sich große Verdienste als Arzt in den Thüringer Walddörfern um Fehrenbach erworben und war für seine volkstümliche Art bekannt.
Auch in dieser Nacht setzte sich Dr. R. pflichtbewusst in sein altes Auto und eilte zur Unfallstelle nach Heubach. In der Gaststätte angekommen, wollte er den Verletzten sehen. Feixend und auf unsicheren Beinen brachten die Stammtischbrüder dem Arzt einen Stuhl mit einem durchbrochenen Bein angeschleppt. Seelenruhig packte Dr. R. seine Arzttasche aus und schiente den glatten Bruch des ungewöhnlichen Patienten. Ungläubig schauten ihm die Trunkenbolde zu.

Nach gelungener Operation notierte sich der Doktor die Namen der Zecher und verabschiedete sich höflich von ihnen.
Ausgenüchtert und den letzten Abend überdenkend, waren die Beteiligten der „Unfallnacht“ froh, dass sie scheinbar ohne Folgen blieb. Nach einigen Tagen aber wurde den ortsbekannten „Helden“ von Dr. R. eine Rechnung zugestellt, die sie in helle Aufregung versetzte. Die gepfefferte Rechnung des Doktors, in der vom Nachtzuschlag bis hin zu den Benzinkosten alles enthalten war, hat die Stammtischzecher von einer weiteren „Stuhlbeinoperation“ abgehalten.

Der Ernstthaler Mondstürer auf dem Ortseingangsschild von Ernstthal (Zeichnung: Horst Golchert)

Die Ernstthäler Mondstürer

Es war ein wunderschöner Sommerabend, als sich Arno und Fritz aus Ernstthal nach einer stimmungsvollen Bierrunde in der Gaststätte „Dores“ auf den Heimweg machten. Unterwegs sahen die beiden in ihrer bierseligen Stimmung den Mond so groß und verlockend nahe über den Häusern von Ernstthal stehen, dass sie sich sofort eine lange Stange aus einem nahe gelegenen Garten holten, um den Mond runter zu stüren (runter zu holen).
Die etwas außergewöhnliche Geschichte von Arno und Fritz konnte in Ernstthal nicht lange geheim gehalten werden und sprach sich schnell in den umliegenden Dörfern herum. So bekamen die Ernstthäler um 1900, als Arno und Fritz ihren Mondeinsatz hatten, von den Nachbarorten den Namen „Mondstürer“.

Jährlich feiert Ernstthal das große Ereignis mit dem Mondstürerfest. Im Festprogramm von 1990 war nachzulesen, dass der amerikanische Astronaut Armstrong, der ja bekanntlich als erster Mensch den Mond betrat, nicht schlecht staunte, als er dort bereits Zeugnisse einer mehr oder weniger geglückten Mondforschung vorfand. Bei der NASA nachgefragt, wurde Armstrong bestätigt, dass es sich bei dem unbekannten Objekt um ein Stück der von Arno und Fritz benutzten Stürstange handelt.
Die Gaststätte „Mondstürerstübchen“ in Ernstthal lädt alle Fans der beiden Mondforscher zur gemütlichen Runde ein. Auf zwei Ölbildern in der Gaststätte ist der nächtliche Mondeinsatz von Arno und Fritz der Nachwelt erhalten.

Besuch beim ältesten Jungunternehmer Deutschlands

Interessiert las ich im Juni 1992 in der Zeitung eine Geschichte über Carl Wenzel, den mit 92 Jahren ältesten Jungunternehmer Deutschlands.
Wie in dem Blatt berichtet wurde, meldete der Glasmeister Carl Wenzel aus Lauscha mit 91 Jahren ein Gewerbe als Glasbläser an, nachdem man ihn mit 90 Jahren in Rente schicken wollte.

Als ich mit einer Wandergruppe von der Volkshochschule Langenfeld auf dem Rennsteig unterwegs war, stand auch ein Abstecher nach Lauscha zur Besichtigung des Museums für Glaskunst auf dem Wanderplan. Schon vor dem Abmarsch in Neuhaus am Rennweg, wo wir unser Stammquartier hatten, erzählte ich meinen Wanderfreunden vom ältesten Jungunternehmer und bot ihnen einen Besuch bei ihm an. Diese Gelegenheit, etwas Außergewöhnliches kennen zu lernen, wollte sich keiner entgehen lassen, und so zogen wir in die im engen Lauschatal gelegene Glasbläserstadt. Im Museum für Glaskunst erkundigte ich mich nach Carl Wenzel, den die meisten in Lauscha nur als den Lufter kennen.
Diesen für Lauscha typischen und originellen dritten Namen bekam Carl Wenzel auf eigenartige Weise: Als der Carl noch zur Schule ging und seine Kameraden ihn im Winter nach Schulende fragten, was sie denn machen wollen, sagte der Carl: „Wir machen Lufter.“ Lufter waren für den kleinen Carl Überschläge in meterhohe Schneeverwehungen. So entstand Carls neuer Name.

Der Lufter (Carl Wenzel) mit dem Autor Horst Golchert

Die freundliche Dame an der Museumskasse sagte mir, dass man den Carl Wenzel am besten vor 12 oder so gegen 14 Uhr besuchen soll, weil der Lufter außer Haus zu Mittag speist. Gegen 14 Uhr versammelte sich die gesamte Wandergruppe in der Oberandstraße vor dem Haus, in dem der Lufter wohnt und seine Werkstatt hat. Wir stiegen eine Treppe hoch und standen im Wohnzimmer von Carl Wenzel, das gleichzeitig auch seine Werkstatt ist. Genau so hatte ich mir eine Wohnstube und Werkstatt eines Glasbläsers von früher vorgestellt.
Blaubemalte Möbel befanden sich im Zimmer, der Arbeitstisch mit dem Brenner stand an der Wand, ein unter der Decke angebrachtes Regal diente als Lager und Trockenplatz, und der Kachelofen hatte seinen Platz in der Zimmerecke.

Auf dem Tisch unter dem Fenster lagen allerlei bunte Schmetterlinge aus Glas, das Markenzeichen des Lufters. Einige besonders schöne Schmetterlinge hingen an der Gardine, als wären sie gerade erst von draußen hereingeflogen.

Hager, vital, wie ein echter „Wäldler“, stand der Lufter vor uns. Als man ihn fragte, ob unser Besuch für ihn nicht zu anstrengend sei, sagte er, dass Funk und Fernsehen schon bei ihm waren und er sich an den Rummel gewöhnt hat. Stolz zeigte uns der Lufter seine kleinen Kunstwerke, bunte Schmetterlinge verschiedener Größen.

Für die kleinen verlangte er fünf Mark, für die etwas größeren eine Mark mehr. Jeder wollte sich ein Andenken an den Glasmeister und an Lauscha mit nach Hause nehmen, und so war der Verkaufstisch in wenigen Minuten leer.

Flink stieg der Lufter auf einen Stuhl und entnahm dem Trockengestell weitere Schmetterlinge.

An seinen flinken Bewegungen erkannte man den einstigen Sportsmann, was eine Leichtathletikurkunde an der Wand bestätigt. Nachdem das Geschäftliche erledigt war und der Lufter viele Fragen beantwortet hatte, setzte er sich vor die Flamme, um eine Kostprobe seines Könnens abzugeben. Mit erstaunlich ruhiger Hand fertigte der alte Glasmeister in kurzer Zeit eine ganz kleine Maus aus Vollglas. Sie ging als Gastgeschenk an die Wandergruppe und wird in irgendeinem Zimmer an ein schönes Erlebnis erinnern. Auf dem Arbeitstisch lagen braune Schmetterlingskörper, die der Lufter noch mit Flügeln versehen wollte. So unfertig sahen sie aus wie kleine Käfer mit langen Fühlern. Da der Lufter in kurzer Zeit ausverkauft war, baten einige der Gruppe den Glasmeister, auch die flügellosen Exemplare in die kleinen Verkaufsschachteln zu packen. Als der Lufter für die Schmetterlinge ohne Flügel obendrein noch den vollen Preis bekam, schüttelte er lächelnd den Kopf.

Schön und interessant war's beim Lufter, und zufrieden traten wir den Heimweg an. Wir hatten einen Glasmeister kennen gelernt, bei dem sich in den vielen Jahren seines arbeitsreichen Lebens kaum etwas verändert hat.
Ein bunter Schmetterling in der heimatlichen Stube wird uns noch lange an den geschickten alten Glasmeister aus Lauscha erinnern.

1993 schloss Carl Wenzel für immer seine Werkstatt. Carl Wenzel, der Lufter aus Lauscha, war einer der letzten Glasmeister, der in seiner Werkstatt-Wohnstube so gearbeitet hat, wie es die Glasbläser in Thüringen schon vor hundert Jahren taten.

Noch mal 85 sein

Eine Dame aus meiner Reisegruppe hatte den gemeinsamen Besuch beim alten Glasmeister Carl Wenzel in Lauscha verpasst.
Sie war ganz traurig, als wir in einer Gaststätte der Glasbläserstadt saßen und die kleinen Kunstwerke des 92jährigen Meisters die Runde machten und bestaunt wurden. Als die Frau die bunten Schmetterlinge sah, entschloss sie sich, den Lufter alleine zu besuchen, um sich auch einen Schmetterling zu holen.
Nach ihrem Besuch erzählte sie uns ganz aufgeregt und stolz, was ihr der Lufter alles erzählt hat.
Ihr sind bald die Augen vor Staunen rausgefallen, als der Carl zu ihr sagte: „Ich möchte noch mal 85 sein, da könnte ich im Winter mit meinen Skiern noch schöne Touren machen.“

Aberglaube

Es liegt schon einige Jahre zurück, als die beiden Ortsnachbarn Fehrenbach und Heubach in der Bezirksliga Fußball spielten. Das ganze Obere Waldgebiet wusste, dass es sich immer lohnte, zum Spiel der Ortsrivalen als Zuschauer dabei zu sein.

Beide Mannschaften auf dem Fußballplatz und die sich laut beschimpfenden Zuschauer aus Heubach und Fehrenbach garantierten fast immer einen unterhaltsamen Nachmittag.
Die besten und konsequentesten Schiedsrichter wurden in die Südthüringer Walddörfer geschickt, um ihr schweres Amt anzutreten. Aber auch ihnen gelang es nicht immer, die Spiele über die volle Zeit zu bringen.

Eines dieser Spiele gewannen die Fehrenbacher Fußballer in ihrem gefürchteten „Fußballstadion“. Locker saßen die Spieler danach in der Umkleidekabine und freuten sich über den hart erkämpften Sieg gegen den Erzrivalen aus Heubach. Beim Umziehen entdeckte ein Spieler bei einem Mannschaftskameraden zwei eingenähte Beutel an der Innenseite seiner Turnhose. Nach einigen Hänseleien, musste der Beutelhosenträger erzählen, was das zu bedeuten hat.

Bei einem vorangegangenen Spiel gegen Heubach, das die Fehrenbacher Mannschaft verloren hatte, zog sich jener Spieler mit den Beuteln zu allem Unglück auch noch eine Beinfraktur zu. Er konnte einfach nicht glauben, dass es bei so viel Pech mit rechten Dingen auf dem Heubacher Sportplatz zugegangen ist.

Vor dem gerade zu Ende gegangenen Spiel gegen Heubach suchte die Frau des Unglücksraben auf den blumenreichen Talwiesen von Fehrenbach zwei hier seit langem bekannte Pflanzen gegen Hexerei und den „Bösen Blick“. Zu Hause wurden die Kräuter in kleine Stoffbeutel eingenäht und vor dem Fußballspiel gegen Heubach unsichtbar an der Innenseite der Turnhose befestigt. Im Glauben an die Wirkung seiner Wundermittel am Hinterteil bestritt der Fehrenbacher Fußballstar erfolgreich und ohne Verletzung dieses Spiel. Die Hexenkräuter hatten ihn vor dem „Bösen Blick“ der Heubacher bewahrt, und es war nicht auszuschließen, dass der eine oder andere Fehrenbacher Fußballspieler bei einem der nächsten Spiele mit zwei Beuteln am „Allerwertesten“ den Sportplatz betrat.

Friedrichshöhe und die Fernsehsendung „Außenseiter Spitzenreiter“

1981 war der Fernsehfunk der DDR in Friedrichshöhe. Über die beliebte Fernsehsendung „Außenseiter Spitzenreiter“ hatte man herausgefunden, dass der Rennsteigort mit 32 Einwohnern die kleinste selbstständige Gemeinde der DDR war. Renate Greiner, die Bürgermeisterin, leitete damals zusammen mit sieben Gemeinderatsmitgliedern die Geschicke des von weiten Waldwiesen umgebenen Weilers.
Hans-Joachim Wolfram, dem Moderator der Sendung, erzählte die Bürgermeisterin, dass sie in ihrem Haus auch noch die Post beherberge, die Postsendungen austrage und die Kranken versorge, soweit es ihr möglich war.

Neben Renate Greiner gaben u. a. auch der Wirt der Gaststätte „Zum Rennsteig“, Werner Lutz, und der ehemalige Lehrer der letzten Einklassenschule der DDR, Alfred Kaiser, den Fernsehleuten Auskunft über ihren Ort. Der Lehrer erzählte, dass die Einklassenschule bis 1961 in Friedrichshöhe existierte. Er unterrichtete damals Kinder von der ersten bis zur achten Klasse in einem Klassenzimmer, das mit einem gemütlichen Kachelofen beheizt wurde. Die Kinder saßen in alten zusammenhängenden Holzbänken, in denen oberhalb der Schreibfläche kleine Tintenfässchen eingelassen waren. In seinen Gesprächen gab der alte Lehrer immer wieder zu verstehen, dass es seine Schüler alle zu etwas gebracht haben. Als Lehrer Kaiser erfuhr, dass die Einklassenschule

Die letzte Einklassenschule der ehemaligen DDR in Friedrichshöhe (Zeichnung: Horst Golchert)

aufgelöst werden sollte, weil zwei Kinder zu wenig in seiner Klasse waren, holte er kurzentschlossen sein Enkelkind aus dem Nachbarort zu sich nach Hause und überredete eine weitere Familie, ihren Enkel aus Suhl in seine Schule zu holen, womit Lehrer Kaiser die Existenz der Einklassenschule bis 1961 verlängern konnte. Als es die Schule nicht mehr gab, wurden die Kinder täglich von einem aus Neuhaus am Rennweg kommenden Taxi in Friedrichshöhe abgeholt, nach Steinheid zur Schule gebracht und nach Schulende wieder zurückgefahren.
Drei Jahre lang war es sogar nur noch der Sohn der Bürgermeisterin, der als einziger Schüler täglich zur Schule gefahren wurde. Einige Zeit gab es kein schulpflichtiges Kind mehr in Friedrichshöhe.

1982, ein Jahr nachdem der Fernsehfunk in Friedrichshöhe weilte, starb Lehrer Kaiser. Er wurde 78 Jahre alt. Heute ist das vergrößerte ehemalige Schulgebäude, mit seinem Uhrtürmchen nicht zu übersehen, Sitz der Geschäftsstelle des Naturparkes Thüringer Wald. Im Gebäude der Geschäftsstelle sind mehrere Schauräume eingerichtet, und auch das Klassenzimmer der ehemaligen Einklassenschule ist zu besichtigen. Der linke Ausstellungsraum war das Wohnzimmer von Lehrer Kaiser und seiner Frau.

Im Frühjahr 1983 lebten nur noch 23 Menschen in Friedrichshöhe. Weniger Einwohner hatte das Dorf noch nie. Bis zum 7. März 1994 hatte sich das Dörfchen seine Selbständigkeit bewahrt und war bis dahin eine der kleinsten, sich selbst regierenden Gemeinden in Deutschland.

Friedrichshöhe wurde nach Sachsenbrunn eingemeindet. Mit seinen zum Teil einstöckigen Häusern, die sich in die Quellmulde schmiegen, gehört Friedrichshöhe zu den ursprünglichsten Dörfern in Thüringen.

Die Einklassenschule in Friedrichshöhe

Unzählige Male bin ich mit Gästen nach Friedrichshöhe gewandert. Der mitten im Wald versteckte Ort ohne Durchgangsverkehr gehört im Sommer wie im Winter zu den beliebtesten Ausflugszielen in Südthüringen.

Als Lehrer Kaiser noch lebte, besuchte ich ihn immer mit meinen Wandergruppen in seiner ehemaligen Einklassenschule, in der er mit seiner Frau wohnte. Damals standen noch die alten Holzbänke im Klassenzimmer. Wie in Schraubstöcke gespannt saßen meine Wanderer in den engen Bänken und lauschten, was ihnen der alte Lehrer zu erzählen hatte. Besonders die Pädagogen spitzten die Ohren, wenn sich Lehrer Kaiser in seine Zeit als Schulmeister zurückversetzte.

Als ich wieder einmal mit einer Gruppe vor der Schule stand und erzählte, dass dies bis 1961 die letzte Einklassenschule der DDR gewesen sei, sagte ein Gast vor der ganzen Mannschaft, was ich da erzähle, stimmt nicht, er wüsste genau, dass die letzte Einklassenschule in Neuendorf auf der Ostseeinsel Hiddensee gewesen ist. So ganz konnte ich mich damit nicht zufrieden geben und fuhr noch im Herbst des gleichen Jahres nach Stralsund und von dort mit dem Schiff nach Neuendorf.

Kein Einheimischer konnte mir in Neuendorf so richtig sagen, wie lange die Einklassenschule in ihrem Dorf existiert hat. Man riet mir, in den Nachbarort Vitte zu wandern, weil dort ein Lehrer wohne, der mir Auskunft geben kann. Als ich mich in Vitte durchgefragt hatte und beim Lehrer anklopfte, war er doch sichtlich erstaunt, dass ein so weit angereister Hinterwäldler aus Thüringen zu ihm kam und so ausgefallene Fragen stellte.
Zu meinem Glück schrieb der pensionierte Lehrer gerade an der Schulchronik.
Er erzählte mir, dass die Schulkinder von Neuendorf nur bis Anfang der fünfziger Jahre in einem Klassenzimmer unterrichtet wurden.
Zufrieden, in Friedrichshöhe doch Recht gehabt zu haben, setzte ich mich wieder in Richtung Heimat in Bewegung.
Ein Hiddenseefan bin ich bis heute geblieben.

❖

Die Schnetter Hummeln

Wie die Schnetter zu ihrem Spitznamen kamen

Wochenlang schon brannte die Sonne erbarmungslos auf Schnett herunter. Auf den Feldern drohte die Ernte zu verdorren. Als es immer kritischer wurde, rief der Bürgermeister von Schnett den honorigen Gemeinderat zusammen.

„Männer", begann er seine Rede, „schon viele Wochen ist kein Tropfen mehr vom Himmel gefallen, deshalb haben wir uns zusammengefunden, um darüber zu beraten, wie wir zu Regenwetter kommen."

Grübelnd saßen die Ratsmitglieder über ihr Bier gebeugt und kratzten sich die Köpfe. Eine ähnlich schwere Aufgabe hatten sie noch nicht zu lösen gehabt. Lange haben sie nachgedacht, bis eines der Ratsmitglieder sagte: „Ich habe gehört, dass man in Eisfeld so ein Geschäft aufgemacht hat, wo man alles bekommen kann. Pillen und so Zeug gegen ‘s Reißen in den Knochen, sie sagen wohl Arznei dazu. Vielleicht haben sie dort auch ein Gewitter." Zustimmend nickten die Gemeinderatsmitglieder und beschlossen, den Vorschlag anzunehmen.

Schwierig war es nun, den richtigen Mann für den verantwortungsvollen Auftrag zu finden. Das halbe Dorf ist man durchgegangen, bis der Gemeinderat übereinkam, dass der lange Frieder geeignet sei, die wichtige Sache zu übernehmen.

Mehrmals hat nun der Bürgermeister dem Frieder erklärt, was er in Eisfeld zu sagen hat und beschwörend auf ihn eingewirkt, dass er sich um Gotteswillen in keiner Kneipe besaufen soll.

Schon am frühen Morgen des nächsten Tages machte sich der Frieder mit einer Schubkarre auf den Weg nach Eisfeld. Weil Frieder nicht wusste, wie ein Gewitter aussieht, hat er vorsichtshalber eine große Holzkiste aus dem Schuppen geholt und sie auf seine Karre geladen. Stramme zwei Stunden war der Frieder nach Eisfeld unterwegs. In der Stadt erkundigte er sich nach dem Geschäft, in dem es alles geben soll. Die Leute schickten den Frieder in die Apotheke. Dort sagte er dem Apotheker seinen Spruch auf, wie es ihm sein Bürgermeister in Schnett eingeschärft hatte. Ein Lächeln unterdrückend, entgegnete ihm der Apotheker: „Ja, mein Freund, ein Gewitter ist nicht so schnell zurechtgemacht, das dauert seine Zeit." Der Apotheker ruft seinen Lehrjungen und sagt ihm, was er zu tun hat, und der Lehrling verschwindet mit einer kleinen Schachtel in den Garten. Dem Frieder kam es wie eine Ewigkeit vor, bis der Apotheker ihm endlich die kleine Schachtel in die Hand drückte. Frieder bedankte sich beim Apotheker, der nicht einmal Geld für das Gewitter verlangte. Er legte die Schachtel in seine Holzkiste und machte sich auf den Heimweg.
Schwitzend und schnaufend schob Frieder seinen Schubkarren bis zur Hinterroder Höhe hinauf, wo er, fix und fertig, eine Pause einlegte. Nachdem sich Frieder einen Schluck aus seiner Taschenflasche genehmigt hatte, besah er sich seine Kiste auf dem Schubkarren. Es wollte ihm nicht in den Kopf hinein, dass in so einer kleinen Schachtel ein Gewitter sein soll. Die Neugier plagte den Frieder so sehr, dass er die Schachtel herausholte und an sein Ohr hält. In der Schachtel hörte er ein Brummen und Rumoren, dass es ihm angst und bange wurde. Nur ein ganz kleines bis-

schen, sagte sich der Frieder, mach ich die Schachtel auf. Aber da war es auch schon passiert, eine dicke Hummel flog mit lautem Gebrumm davon. Dem Frieder wird's himmelangst, rennt der Hummel ein Stück nach und ruft ihr beschwörend hinterher: „Grodaus uff dr Schnett zu! Ümmer uff dr Schnett zu." („Geradeaus auf Schnett zu! Immer auf Schnett zu.")
Tatsächlich ziehen dunkle Wolken auf und als Frieder das letzte Stück nach Schnett hinaufgeht, fängt es zu regnen an, was vom Himmel runter will.
Das halbe Dorf war auf den Beinen, als Frieder mit seiner Schubkarre nach Schnett reinkommt. Die Blaskapelle hatte Aufstellung genommen und spielte ihm ein Ständchen. Der Bürgermeister und die Gemeinderatsmitglieder reichten dem Frieder gerührt die Hand und ließen ihn im Wirtshaus hochleben.

Nacherzählt von Horst Golchert

Geschichten vom GutsMuths-Rennsteiglauf

Die falsche Verpflegungsstelle an der Eisfelder Ausspanne

Ich war gerade dabei, Seitenwege an der Eisfelder Ausspanne für die in wenigen Minuten vorbeikommenden GutsMuths-Rennsteigläufer mit Wimpelketten abzusperren, als ein Pferdefuhrwerk mit einer lustigen Gesellschaft obenauf am alten Passübergang Halt machte.
Eine Männergesellschaft, die wahrscheinlich nicht wusste, was sich hier in etwa einer halben Stunde abspielen würde, hatte sich die Ausspanne als Rastplatz für ihren Maiausflug ausgesucht. Seelenruhig wurde ein Fässchen Bier vom Wagen gerollt und ein Bratwurstrost direkt am Rennsteig aufgebaut.
Neugierig, wie sich die Geschichte entwickeln würde, wartete ich, bis die Rostbrätel und Bratwürste eine appetitliche Farbe angenommen hatten.
Es dauerte dann auch nicht mehr lange, und die ersten Läufer tauchten an der Eisfelder Ausspanne auf, ohne den rauchenden Bratwurstrost auch nur mit einem Blick zu würdigen. Sie hatten es eilig und wollten den Sieger in Schmiedefeld unter sich ausmachen. Als sich aber die große Läufer- und Wanderschar heranwälzte, liefen einige, die wahrscheinlich dachten, dass es schon die Verpflegungsstelle auf dem Eselsberg bei Masserberg sei, an den Rost heran und bedienten sich ausgiebig mit Rostbräteln und Bratwürsten. Bevor die angeheiterte Gesellschaft begriff, was sich hier abspielte und den Rost schnell aus der Gefahrenzone

bringen wollte, waren die Rennsteigläufer bedeutend schneller, spurteten hinterher und holten sich auch noch die restlichen Leckerbissen.

Vierbeinige Täter

Schon am Vortag zum 15. GutsMuths-Rennsteiglauf 1987 waren fleißige Masserberger Helfer damit beschäftigt, die Verpflegungsstelle auf dem Eselsberg aufzubauen. Lange Ständerreihen, an denen Tee, Schleim und belegte Brote an die etwa 6000 Läufer und Wanderer ausgegeben werden sollten, wurden mit Plastdecken überzogen, Wimpelketten wurden gespannt, die Fahnen gehisst und Behälter für Abfälle aufgestellt. Alles wurde bestens von den vielen bewährten Helfern für das bekannte Cross-Ereignis vorbereitet.
Es war noch dämmrig, als die Teekocher-Brigade und ein paar Verantwortliche am anderen Morgen zum Eselsberg hinaufstiegen, um die Teeöfen anzuheizen und die letzten Arbeiten zu erledigen.
Auf der Höhe des Eselsberges angekommen, fuhr ihnen der Schreck in die Glieder, als sie einen Trümmerhaufen vor sich sahen. Die Verpflegungsstände waren teilweise eingerissen, Wimpelketten lagen am Boden, ein paar Fahnen waren zerrissen, und bei einer DDR-Fahne fehlte sogar das Emblem. Das war so ziemlich das Schlimmste, was in der damaligen DDR passieren konnte. Man vermutete sofort Sabotage, und einer der Helfer wollte schon wieder talwärts fahren, um den kriminellen Akt der Polizei zu melden, als etwas abseits im Wald Pferde gesichtet wurden.

GutsMuths-Rnnsteigläufer am Ortseingang von Friedrichshöhe (1987)

Es waren alte Bekannte, Pferde aus dem Gestüt Bockstadt, die in den Sommermonaten auf den Bergwiesen des Oberen Waldgebietes anzutreffen sind.
Von einem nächtlichen Gewitter aufgeschreckt, durchbrachen sie den Zaun ihrer Fehrenbacher Weide und rasten in panischer Angst zum Rennsteig hinauf und reagierten sich an unserer Verpflegungsstelle ab.

Froh darüber, dass man die Täter ohne polizeiliche Hilfe stellen konnte und um eine peinliche Anzeige herumgekommen war, wurden die Schäden schnell beseitigt, und keiner der Rennsteigläufer ahnte, was sich hier in der Frühe abgespielt hatte.

Start aus der Schlafkammer

Nur wenige Meter oberhalb des Heuberghauses steht am Rennsteig der Taschenlampen-Gedenkstein, der an einen Lauf erinnert, der wohl in der Sportgeschichte seinesgleichen sucht.

In der Nacht um 1.00 Uhr starteten am 10. 5.1975 hier am Heuberghaus (bei Friedrichroda) ca. 800 Läufer und Wanderer zum 3. GutsMuths-Rennsteiglauf. Die lange Strecke führte damals über 80 Kilometer vom Heuberghaus bis nach Neuhaus am Rennweg und war ausschließlich männlichen Teilnehmern vorbehalten. Die Frauen stiegen am Bahnhof Rennsteig bei Schmiedefeld in das Geschehen ein und mussten 40 Kilometer bis nach Neuhaus am Rennweg bewältigen.

Wie wäre es wohl einem Fremden oder Uneingeweihten ergangen, wäre er in jener Nacht dieser Taschenlampen-Horde im Wald begegnet?

War dieser Nachtlauf schon außergewöhnlich und in der Geschichte des GutsMuths-Rennsteiglaufes einmalig, so trifft dies noch mehr auf das Startzeremoniell zu. Auf der Suche nach einem günstigen Platz für den Startschuss fiel den Verantwortlichen ein Balkon im oberen Stockwerk des Heuberghauses auf, von dem das Starterfeld gut zu überblicken war.
Als man die Wirtin fragte, ob das mit dem Balkon im Obergeschoßss ihres Hauses zu machen sei, war von ihr zu erfahren, dass der Balkon zu ihrem Schlafzimmer gehöre. Auf das überraschte Gesicht des Fragenden lud die Wirtin in ihrer unkomplizierten Art

den Mann mit seiner Startpistole zu mitternächtlicher Stunde in ihr Schlafzimmer ein.
Obwohl der GutsMuths-Rennsteiglauf schon viele Geschichten geschrieben hat, wird es wohl einmalig bleiben, dass sich der Starter eines Laufes seinen Platz durch das Schlafzimmer einer Frau suchen musste.

Der Taschenlampen-Gedenkstein

❖

Zum Schluss
5 Mark

Es ist schon einige Jahre her, als der Männerchor eines südthüringischen Dorfes einen Ausflug nach Erfurt unternahm. Nachdem sich die Sänger Thüringens schöne Hauptstadt angesehen hatten, ging es am späten Nachmittag mit dem Zug wieder zurück in Richtung Heimat. Die „Wäldler" hatten sich vor der Heimfahrt reichlich mit Bier und härteren Getränken eingedeckt, damit die Stimmbänder schön feucht bleiben. Als der Zug Ilmenau entgegenfuhr, waren die Bierreserven schon merklich geschrumpft. Daher war es nicht verwunderlich, dass einem der Sänger die Blase so sehr drückte, dass er im Eilschritt zur Toilette lief. Die Toilette war besetzt. Wie ein Irrer lief der Mann, die Fahrgäste beiseite schiebend, den schmalen Zuggang entlang zur nächsten Toilette. Auch sie war besetzt. Die Blase drückte dem Schluckspecht mittlerweile so sehr, dass die Geschichte jeden Moment in die Hose gehen konnte. In der Hoffnung, dass die vorherige Toilette nun frei ist, lief er dorthin zurück. Sie war aber immer noch geschlossen! Weil schon die ersten Tropfen in der Hose waren, hämmerte der Mann wie ein Verrückter an die Toilettentür und schrie verzweifelt: „Wenn du auf der Stelle raus kommst, gebe ich dir 5 Mark." Worauf einer seiner Chorkollegen schrie: „Und wenn du drin bleibst, bekommst du 10 Mark von mir."

August Zwiebels ungewöhnliche Mahlzeit

Klaus Seifferth, den man in Masserberg nur August Zwiebel nannte, war als Malerlehrling im zweiten Lehrjahr, als er und sein Arbeitskollege, der Spanier, von ihrem Meister den Auftrag erhielten, bei Frau Amm in Gießübel die Wohnung zu renovieren.
Als es an einem jener Arbeitstage auf Mittag zuging, sagte Frau Amm zu ihren beiden Malern, dass sie heute nicht zum Mittagessen in die Gaststätte gehen brauchen, weil sie für sie mit gekocht habe. Es gab Thüringer Klöße und Rouladen dazu. Da der Spanier, der den Spitznamen seinem südländischen Aussehen zu verdanken hatte, an diesem Tag schon von seiner Schwägerin in Gießübel zum Mittagessen eingeladen war, nahm Klaus die Einladung gerne an. Bevor Frau Amm in die Waschküche ging, wo sie noch mit ihrer Wäsche zu tun hatte, zeigte sie August Zwiebel, wo das Essen steht, und sagte zu ihm, dass er sich auch richtig satt essen soll. Klaus ließ sich das nicht zweimal sagen und legte sich die ersten beiden faustgroßen Klöße auf den Teller und eine Roulade dazu. Als August Zwiebel die erste Ladung verdrückt hatte, dachte er sich, der Spanier ist nicht hier, da kannst du dir seine Roulade mit den dazugehörenden Klößen auch noch nehmen. Zwölf Klöße insgesamt hatte Frau Amm gekocht. Nachdem August Zwiebel die Portion vom Spanier auch noch verschlungen hatte und im Magen immer noch ein Hungergefühl verspürte, nahm er sich nach und nach auch noch die restlichen Klöße aus dem großen Topf. Als Zwiebel die zwölf Thüringer Klöße im Bauch hatte und dabei etwas müde geworden war, streckte er sich behaglich zur

Mittagsruhe auf dem Sofa aus. Er war gerade dabei, die ersten Pfeiftöne von sich zu geben, als Frau Amm aus der Waschküche nach oben in die Küche kam, wo sie in alle Töpfe guckte. Als von ihren Thüringer Klößen nichts mehr zu sehen war, klopfte sie August Zwiebel, der auf dem Sofa friedlich schlief, an die Füße und fragte: „Klenner, wu hasta denn die Klöss hiegestellt, mei Alter kümmt gleich aus der Hütt`n zum Assen.“ (Kleiner, wo hast du denn die Klöße hingestellt, mein Alter kommt gleich aus der Hütte zum Essen). Verschlafen wischte sich Zwiebel die Augen und sagte: „Was denn für Klöße, du hast doch gesagt, ich soll mich auch richtig satt essen.“
Frau Amm hat bald der Schlag getroffen, als sie das hörte. Ungläubig schüttelte sie den Kopf und machte sich erneut an die Arbeit, um für sich und ihren Mann schnell noch ein paar Kartoffeln zu den übrig gebliebenen Rouladen zu kochen.

Was der nur zwei Meter lange Arnoldsbach in Thüringen mit den Ostfriesen zu tun hat

Der Tiefenbach entspringt am Steilhang des Heuberges südwestlich des Rennsteiges. Noch nicht einmal einen Kilometer wird er lang, bevor er steil talwärts sprudelnd in die Werra mündet, deren Wasser nach dem Zusammenfluss mit der Fulda in Hannoversch Münden als Weser in die Nordsee fließt. Von dem bescheidenen Tiefenbach würde kein Mensch reden, wenn es da nicht etwas Kurioses geben würde. Bevor er nämlich vor dem Heubergweg, der nach Sachsenbrunn hinunter führt, über angelegte Treppen den

Berghang hinunter stolpert, bekommt er Verstärkung vom Arnoldsbach. Nun wäre auch das noch nichts Außergewöhnliches, das man unbedingt erwähnen müsste, wenn da nicht ein Schild den Wanderer darauf aufmerksam machen würde, dass der Arnoldsbach schon nach nur 1,99 Metern in den Tiefenbach mündet. Demzufolge gelangt auch das Wasser des nur zwei Meter langen Arnoldsbaches über Tiefenbach, Werra und Weser bei Bremerhaven in die Nordsee. Es ist ja weithin bekannt, dass die Ostfriesen ein pfiffiges Völkchen sind, von dem man sich die tollsten Geschichten erzählt. So ist es auch nicht verwunderlich, dass sie schon recht bald herausgefunden haben, dass das Wasser des Arnoldsbaches, das man durch eine etwas andere Färbung deutlich erkennen kann, eine besondere Heilwirkung besitzt und zum Zubereiten des berühmten Ostfriesentees besonders gut geeignet ist.
An bestimmten Tagen, besonders wenn die Nordsee spiegelblank und ruhig wie ein Brett daliegt, kann man die Ostfriesen dabei beobachten, wie sie das Wasser des Arnoldsbaches aus der Nordsee herausfiltern und hauptsächlich als Schönheits- und Potenzmittel verwenden.

Das Büfett

Als ich mich einmal bei einer Feierlichkeit an einem Büfett bediente, musste ich an eine Geschichte denken, die mir vor vielen Jahren passierte.
Ein Winter damals in den 1960er Jahren war zu Ende, und wie es bei den Wintersportlern in den Thüringer Bergen üblich ist, wurde auch für die Skisportler des

SC Motor Zella-Mehlis ein Abwintern organisiert. Die Feier, in der der Winter verabschiedet wurde, fand in einem bekannten Suhler Restaurant statt.
Ich bekam schon große Augen, als ich das Büfett sah, auf dem Köstlichkeiten lagen, wie ich sie vorher noch nicht gesehen hatte. Ich wusste nicht so recht, was ich mir zuerst auf meinen Teller legen sollte, zumal ich verschiedene Leckereien nicht richtig einordnen konnte. Neidisch beobachtete ich meine Sportkameraden, die sich mit einer Sicherheit am Büfett bedienten, als wäre es eine Alltäglichkeit. Einige von ihnen, wie Olympiasieger Helmut Recknagel, Veit Kührt oder Peter Lesser, der damalige Weltrekordler im Skifliegen, hatten schon an vielen internationalen Wettkämpfen teilgenommen, und mit dieser weltmännischen Erfahrung bewegten sie sich auch an unserem Büfett.
Heinz, einer unserer „Funktionäre“, der mich wohl beobachtet hatte und meine Unsicherheit bemerkte, sagte zu mir: „Komm Horst, wir holen uns die Krebse.“ Die goldbraunen Krebse thronten als Höhepunkt des Büfetts auf einem Gestell über den ganzen Köstlichkeiten. Entschlossen gingen wir ans Büfett und packten uns jeder einen der großen Krebse auf unsere Teller. Obwohl ich das knusprige Tier schon mehrmals herumgedreht hatte, konnte ich kein Fleisch entdecken. Ich dachte, dass es wohl so sein müsste und war gerade dabei, meine Zähne in die Außenhaut des Krebses zu schlagen, als ein Kellner im Laufschritt herbeieilte, auf unsere Krebse zeigte und zu uns sagte: „Meine Herren, legen Sie die Krebse bitte wieder zurück, das ist Dekoration.“

Der Männertags-Grenzstein am Rennsteig

Es war kühl am Himmelfahrtstag 2010, als ich in den Morgenstunden zu meiner Männertagstour aufbrach. Das 30-Seelen-Dörfchen Friedrichshöhe war Ziel meiner Wanderung. Friedrichshöhe ist mein Lieblingsdorf. Wie in einer langen Reihe hingewürfelt stehen die mit Schiefer beschlagenen Häuser des kleinen Weilers auf ausgedehnten Wiesenflächen, die von Fichtenwald umrandet sind. Ich genoss die Stille des Morgens, denn um die Mittagszeit, wenn die angeheiterten Männertagshorden johlend durch die Wälder ziehen ist es mit der Ruhe vorbei. In Friedrichshöhe kehrte ich traditionell im Gasthaus „Zum Rennsteig" ein. Mit Freunden trank ich ein paar Bier, und nach dem Mittagessen wanderte ich auf dem Rennsteig wieder zurück in Richtung Masserberg. So etwa einen Kilometer vor der Heidehütte bei Masserberg drückte mich die Blase so sehr, dass ich links des Rennsteiges im Wald verschwand, um Platz für weitere Biere in der nächsten Kneipe zu machen. Als ich „erleichtert" zum Rennsteig zurückging, stolperte ich über einen länglichen, stark bemoosten und mit Fichtengeäst bedeckten Stein. Ich hätte vor Freude schreien können, nachdem ich ihn von hohem Gras, Geäst und Moos befreit hatte! Es war der Grenzstein Nr. 94 aus dem Jahr 1779, den ich schon jahrelang suchte. Vermutlich wurde der obere Teil des Grenzsteines von Forstfahrzeugen beim Holzrücken vom Sockel getrennt. Mir wurde sofort bewusst: Hätte ich in Friedrichshöhe auch nur ein Bier mehr oder weniger getrunken, wäre ich an dieser Stelle nicht in den Wald gerannt und der weit über 200 Jahre alte Grenzwächter hätte vermutlich nie wieder einen Wanderer an sich vorüberziehen sehen. Die Grenzsteine am Rennsteig, die man auch Rennsteigsteine nennt, trennten einst Kleinstaaten voneinander und sind größtenteils fortlaufend nummeriert. An dieser Stelle teilte Grenzstein Nr. 94 das Herzogtum Sachsen-Meiningen vom Fürstentum Schwarzburg-Rudolstadt. Er gehört zu den schlichten, unscheinbaren Grenzsteinen und kann sich nicht mit seinen wappengeschmückten Nachbarn aus der Barockzeit messen. Die uralten und zum Teil wunderschön gestalteten Grenzwächter am alten Kammweg gehören zu unserem Kulturgut und stehen unter Schutz. Ein paar Wochen nach Himmelfahrt habe ich mit meinem Kollegen Rüdiger den „Männertagsstein", wie ich ihn fortan nenne, saniert. Mit seinen vielen Narben und seiner etwas ungewöhnlichen Geschichte ist mir Stein Nr. 94 besonders ans Herz gewachsen. Ich wünsche ihm ein langes Leben und hoffe, dass die Menschen mehr Achtung vor unserem Kulturgut haben.

Grenzstein Nr. 94

Der Urlauberhund

Als zu DDR-Zeiten etwa 1200 FDGB-Urlauber in jeder zwölftägigen Belegung noch unser kleines Dörfchen Masserberg bevölkerten, nahmen oft nicht weniger als 150-250 Feriengäste einen Tag nach ihrer Anreise an der Orientierungs- oder Einführungswanderung teil. Ich machte sie während der Führung mit der Geschichte unseres Ortes bekannt und empfahl ihnen markante Wanderziele in der Umgebung von Masserberg. Fast täglich war damals eine organisierte Wanderung im Angebot und zu meiner Freude entschieden sich immer sehr viele Feriengäste, gemeinsam auf Wanderschaft zu gehen. Obwohl die Wandergruppen oft viel zu groß waren, hat es mir in all den Jahren als Wanderleiter große Freude bereitet, Masserbergs Feriengäste mit seiner schönen Umgebung bekannt zu machen. Viele Menschen habe ich kennen gelernt und lustige Episoden erlebt. An einen kleinen Jungen, der mit seinen Eltern zu uns in die Berge kam, erinnere ich mich besonders gerne. Täglich war mein kleiner Freund zur Stelle, wenn Wanderungen zur Werraquelle, in das kleine Dörfchen Friedrichshöhe oder zum Nadelöhr angesagt waren. Er wich während der gesamten Strecke nicht von meiner Seite und stand immer ganz dicht neben mir, wenn ich den Gästen etwas zu erzählen hatte. Schon lange war dem kleinen Wandersmann aufgefallen, dass meine Wandergruppen durch die große Beteiligung und unterschiedliche Zusammensetzung weit auseinander gezogen wurden. Als ich wieder einmal lange auf die letzten Wanderer warten musste, sagte er ganz spontan vor allen Feriengästen: „Onkel Horst, du musst dir einen Hund dressieren, der deine Urlauber zusammentreibt." Da sich mein kleiner Wanderfreund sehr an mich und unsere gemeinsamen Wandertage gewöhnt hatte und auch Wanderleiter werden wollte, hatten seine Eltern große Probleme, ihn wieder mit nach Hause zu bekommen.

Literaturangaben

Albert Böhm: „Lauschaer Leut", Gestalten und Namen vom Thüringer Wald, 3. Auflage, Herausgeber: Museum für Glaskunst Lauscha/Thüringer Wald

J. Bühring und Ludwig Hertel: „Der Rennsteig des Thüringer Waldes", 3. Auflage 1930, Zeitz: Verlag des Rennsteigvereins, R. Jubelt

Der Mittelpunkt am Rennsteig des Thüringer Waldes, Herausgeber: Thüringer Rennsteigverein e. V., 98701 Neustadt am Rennsteig

Faszination Rennsteiglauf, Herausgeber: GutsMuths-Rennsteiglaufverein e. V., Dr. Hans Georg Kremer, Eigenverlag, 1992

Julius Kober: „Im Zauberbann des Rennsteigs", Engelhard-Reyher-Verlag, Gotha, 1939

Julius Kober: Thüringer Heimatkalender 1956, Verlag der Thüringer Tageszeitung – Dr. Ludwig Nonnes Erben – Würzburg

Otto Ludwig: „Der Rennsteig", Greifenverlag zu Rudolstadt 1974, 3. Auflage 1980

Helmut Müller: Briefe von der Schmücke und vom Joel, Heinrich-Jung-Verlag Zella-Mehlis, 1991

Lilli Schneider: „Mei Heimat is de Schnett", Dachverband Altenkultur, 1991

Thüringer Sagen, Herausgegeben von Ernst Karl Wenig, Greifenverlag GmbH Rudolstadt, 1. Auflage 1992 (Neuausgabe)